Juan Ruiz de Alarcón

El desdichado en fingir

Barcelona **2024**
Linkgua-ediciones.com

Créditos

Título original: El desdichado en fingir.

© 2024, Red ediciones S.L.

e-mail: info@linkgua.com

Diseño de cubierta: Michel Mallard.

ISBN tapa dura: 978-84-1126-273-6.
ISBN rústica: 978-84-9816-293-6.
ISBN ebook: 978-84-9897-216-0.

Sumario

Brevísima presentación

La vida

Juan Ruiz de Alarcón y Mendoza (1581-1639). México.
Nació en México y vivió gran parte de su vida en España. Era hijo de Pedro
Ruiz de Alarcón y Leonor de Mendoza, ambos con antepasados de la nobleza.
Estudió abogacía en la Real y Pontificia Universidad de la Ciudad de México
y a comienzos del siglo XVII viajó a España donde obtuvo el título de bachiller
de cánones en la Universidad de Salamanca. Ejerció como abogado en Sevilla
(1606) y regresó a México a terminar sus estudios de leyes en 1608.
En 1614 volvió otra vez a España y trabajó como relator del Consejo de Indias.
Era deforme (jorobado de pecho y espalda) por lo que fue objeto de numero-
sas burlas de escritores contemporáneos como Francisco de Quevedo, que lo
llamaba «corcovilla», Félix Lope de Vega y Pedro Calderón de la Barca.

Personajes

Ardenia, dama
Arnesto hijo de Justino
Arseno, galán
Celia, dama
Claudio, criado del príncipe
El príncipe de Bohemia, galán
Inés, criada de Ardenia
Justino, viejo
Perea, escudero de Celia
Persio, galán
Roberto, criado del príncipe
Sancho, criado de Arseno
Tristán, criado de Persio
Un correo

Jornada primera

(Sale Arseno con botas, y espuelas, y Ardenia teniéndolo.)

Ardenia
¿Por qué te quieres partir,
y que yo sin alma quede?

Arseno
¿Con un Príncipe quién puede,
bella Ardenia, competir?

Ardenia
El Príncipe para mí
tú solamente lo eres.

Arseno
Bien conozco las mujeres.

Ardenia
Y yo, fementido, a ti,
Que por partirte condenas
sin culpa mi firme pecho.

Arseno
¿Que dellas en vano han hecho
juramento de ser buenas?

Ardenia
No habrán arriesgado el bien
que yo, Arseno, en quebrantallo.

Arseno
Al que más merece hallo,
que lo quebrantan más bien.

Ardenia
Pues dime, ¿qué puede haber
que te dé satisfacción?

Arseno
Tener de ti posesión.

Ardenia
Será en siendo tu mujer.

9

Arseno	¿Cuándo tanto bien aguardo?
Ardenia	Estorbos deja pasar.
Arseno	No sufre tanto aguardar el vivo fuego en que ardo.
Ardenia	Mi fe, que vivas, pretende, si alarga la coyuntura, porque no estará segura vida que a un Príncipe ofende.
Arseno	Si tú quieres, lo ha de estar.
Ardenia	Si él me quiere, no lo está.
Arseno	¿Pues cuándo no te querrá? ¿Eres tú para olvidar?
Ardenia	El tiempo es bastante medio para apagar mayor llama.
Arseno	Al fin de la que me inflama, el aguardar no es remedio.
Ardenia	Pues mira tú lo que quieres.
Arseno	Sal de tu tierra conmigo.
Ardenia	Perderé mucho contigo, que es de livianas mujeres.
Arseno	¿Lo que alcanza mi porfía

puede conmigo infamarte?

Ardenia   Puede al menos avisarte,
                 de que por otro lo haría.

Arseno   No siendo tu amor menor,
                 no culpará tu fineza.

Ardenia   Si la fineza es bajeza,
                 no le disculpa el amor.

Arseno   ¿Si cuando tanto me ama
                 tu pecho al honor te miden,
                 cómo al Príncipe no impides,
                 que te destruya tu fama?

Ardenia   ¿Que ofende tu pretensión
                 a quien bien su honor defiende?

Arseno   Al Príncipe que pretende
                 da el vulgo la posesión.

Ardenia   Si solo su intento daña,
                 ¿quién podrá impedir su intento?

Arseno   ¿Ves como mi pensamiento,
                 enemiga, no se engaña?

Ardenia   ¿Por qué no se engaña?

Arseno   Es llano,
                 que al fin ha de ser vencida
                 la mujer que es pretendida.

Ardenia	¿Luego nadie espera en vano?
Arseno	Nadie, si intentar le dejan.
Ardenia	¿Y mil mujeres diamantes, de quien sus firmes amantes en las historias se quejan?
Arseno	Vencieron, porque no dieron a los intentos lugar, y a recibir, y escuchar, sin manos, y sordas fueron.
Ardenia	Si en eso no más consiste, vencedora me verás.
Arseno	Contradiciéndote vas.
Ardenia	¿Cómo?
Arseno	¿Agora no dijiste: Que quién le podrá estorbar al Príncipe tal intento?
Ardenia	Llamo intento al pensamiento, no a la obra de intentar.
Arseno	Si entra el Príncipe en tu casa mal puedes no dalle oído.
Ardenia	Si yo tuviera marido no pasara como pasa.
Arseno	Si merecerte pensara,

	presto marido tuvieras.
Ardenia	Seráslo, con que tú quieras.
Arseno	Quiero, aunque el vivir costara.
Ardenia	Pues mientras a eso los cielos muestran ocasión, y día, aun darse traza podía para asegurar sus celos.
Arseno	Dime, ¿cuál?
Arseno	Pensalla quiero, Arseno mío, más bien; con la noche oscura ven, que a la ventana te espero, Y pensada la tendré, vete agora, que vendrá mi padre de fuera ya.
Arseno	queda a Dios.
Ardenia	¿Vendrás?
Ardenia	Vendré.

(Vanse.)

(Salen Persio, y Tristán de noche con una linterna encendida.)

| Tristán | ¿Tan enamorado estás,
y en verla te estrenas hoy? |

13

Persio	Tan enamorado estoy, y una vez la vi, no más.
Tristán	A purgar pienso que vienes aquel delito pasado.
Persio	¿Cuál delito?
Tristán	Haber burlado a Celia.
Persio	Donaire tienes. ¿De qué sacas, que a pagar delitos pasados vengo, si sabes, Tristán, que tengo dichosa estrella en amar?
Tristán	Es verdad, mas eso ha sido cuando rico; hoy no lo estás, y así dorar no podrás los virotes a Cupido.
Persio	En la conquista presente dinero no es menester, que es muy rica esta mujer, sino dicha solamente.
Tristán	¿Que es muy rica?
Persio	Un su vecino largo deso me ha informado, y que es de linaje honrado.
Tristán	¿Y dura tu desatino?

14

Persio	Y aun se aumenta mi esperanza.
Tristán	¿Y aún se aumenta? Ay de ti triste; parece que ayer naciste, pues tu experiencia no alcanza, Que para vencer la rica es menester más tesoro. que es como pimienta el oro, que al que más come, más pica.
Persio	Poco se pierde en probar.
Tristán	Dios lo haga.
Persio	Esta es la casa.
Tristán	Alumbra. Ved lo que pasa, déjate de enamorar, y intenta, si te parece, una plaza de criado.
Persio	Calla, necio, que al osado la fortuna favorece.
Tristán	También de empresas como estas he visto, y tú habrás oído, que algún osado ha salido con muchos palos acuestas.
Persio	Eso suele suceder al vil que alturas pretende, que a la calidad ofende solamente en pretender.

Mas siendo yo Caballero,
mi amor a Ardenia no ultraja
pues sabes que más ventaja
no me lleva, que el dinero.

Tristán

Como de ser a no ser
es la ventaja, y lo fundo
en que solo tiene el mundo
un linaje, que es, tener.

Persio

La ventana abren, Tristán.

Tristán

¿Quieres llegar?

Persio

No, que quiero
espiar, y ver primero
Por dónde estas cosas van.
Pongámonos en espía,
veremos que amantes tiene
quien a sí no se previene,
inciertos sus pasos guía.
Nunca el médico ordenó
el remedio, sin tomar
el pulso.

Tristán

Bien puedo dar
testimonio deso yo.

Persio

¿Cómo?

Tristán

Fui a llamar un día
para un enfermo un Doctor,
y él, sin saber el dolor,
o enfermedad que tenía,

                          Me dijo. Mientras se ensilla
                          mi mula, mancebo, id,
                          y que le sangren, decid,
                          que yo voy luego.

Persio   La silla
                          de su mula merecía
                          tal Doctor.

(Salen a la ventana Ardenia con un papel, y Inés.)

Ardenia   Con este enredo
                          pienso, Inés, que guardar puedo
                          del Príncipe la honra mía,
                          y asegurar a mi bien.

Inés   A mucho te obliga amor.

Tristán   Ya hay penitentes, señor,
                          cubre esa linterna bien.

Persio   No temas que vernos pueda.

(Salen Arseno, y Sancho, de noche.)

Arseno   Solitaria noche mía,
                          dejadme ver a mi día:
                          Sancho en esa esquina queda,
                          y avisa en viniendo gente,
                          que es un Príncipe el contrario.

Sancho   Él es caso temerario,
                          que un pobre soldado intente
                          a un gran Príncipe oponerse.

(Apártase.)

| Arseno | ¿Ardenia? |

Ardenia   Arseno.

Arseno   Señora,
aquí un alma que os adora
en su gloria llega a verse.

(Hablan en secreto.)

Ardenia   Escucha.

Tristán   Ved lo que pasa:
llega a enamorar, señor,
por dicha hallará tu amor
desocupada la casa.

Persio   Bien lo entiendes.

Tristán   Bien lo entiendo.

Persio   Agora empieza a crecer
la esperanza de tener
el dulce fin que pretendo.
Su liviandad, y mudanza
han de admitir mi cuidado.
y esta liviandad me ha dado,
de que otras hará, esperanza.

Tristán   No es una mujer liviana
por un amor.

Persio	Es verdad, ¿mas doncella es liviandad, que a tal hora dé ventana?
Ardenia	Con esta traza, señor, tu recelo se asegura.
Arseno	Es sin igual mi ventura, y muestras, mi bien, tu amor.
Persio	Yo quiero pasar, Tristán, y tanta gloria estorballe, y ver de camino el talle deste dichoso galán.
Tristán	¿Pues piensas dalle en la cara con la luz?
Persio	Sí, que ese ha sido el fin de habella tenido encendida.
Tristán	Pues prepara la espada, que sucedió alguna vez (yo lo vi) por dar con la luz así, gran pesadumbre.
Persio	Ya yo desde que me enamoré, la espada, el pecho, la vida tengo a todo apercibida.

| Tristán | Ya yo mi espada tenté. |

(Échale un papel, y cae en el suelo, y no lo levanta Arseno.)

Ardenia	Gente viene, ese papel
	toma, y si algo se te olvida
	de la traza referida,
	escrita va toda en él.
	Estima el renglón postrero,
	que es la firma de mi amor.

| Sancho | Que viene gente, señor. |

| Arseno | A Dios. |

| Ardenia | Mañana te espero. |

(Vanse Ardenia y Inés.)

Arseno	Si me han visto aquí parado
	y es del Príncipe esta gente,
	tengo la muerte presente
	pero ya el remedio he hallado.
	Caballeros.

| Persio | ¿Qué mandáis? |

| Tristán | ¿No lo dije yo? |

Arseno	Querría
	que me deis por cortesía
	si muy de priesa no vais,
	Esa luz para buscar
	cierto papel que he perdido,

y ha rato que en vano ha sido
sin ella el quererlo hallar.
Saquelo revuelto a un lienzo,
y aunque sé que aquí cayo,
no sé dónde lo llevo
el viento.

(Aparte.)

Persio   A enredar comienzo,
De Ardenia es este papel,
y que he de cogerlo fío
en mi industria: que este mío
haré que lleve por él.

(Saca un papel y finge que lo levanta del suelo, dalo a Arseno.)

En una ocasión tan buena
me huelgo de haber llegado
y de haberos aliviado
hallando el papel, la pena.
veislo aquí.

Arseno   Dios haga bien
a vuestras cosas y a vos.

Persio   Dios os guarde.

Arseno   Guardeos Dios.

Persio   Tristán vamos.

Arseno   Sancho ven.

Sancho	Vamos, y lleva estudiado
	lo que a Celia has de decir,
	que es tarde y ha de reñir.
Arseno	Diré que jugando he estado.

(Vanse Arseno y Sancho.)

Tristán	¿No nos vamos, pese a mí?
Persio	¿Dio la vuelta?
Tristán	Ya la dio,
	y las diera mejor yo
	en la cama ya que aquí.
	Advierte que canta el gallo
	y te tengo de negar
	si otra vez vuelve a cantar
	y acostado no me hallo.
	¿No ves que no tengo amor,
	y me hiela el menor frío?
Persio	El fuego del amor mío
	puede a entrambos dar calor.
	Escucha un cuento gracioso.

(Levanta el papel que echó Ardenia.)

Tristán	¿Qué buscas?
Persio	Este papel
	que uno mío di por él
	a aquel galán venturoso.

Tristán	¿Para qué?
Persio	Ya lo verás.

(Da la linterna a Tristán y él alumbra, y Persio abre el papel y lee.)

Ten y alumbra.

Tristán	¿Pues aquí quieres leer?
Persio	Tristán, sí, no sufre el deseo más. Esta es letra de mujer, y Ardenia dice la firma, lo que sospeche confirma. Oye.
Tristán	Comienza a leer.

(Lee Persio.) «Yo tengo un hermano en Roma veinte años ha, llamado Arnesto, a quien de edad de cinco llevó Roberto, hermano de mi padre, yendo a servir al Cardenal Coloma de mayordomo: este hermano dirás, que eres, y que te vienes por haber muerto nuestro tío, que los muchos años de ausencia, la mudanza de niño a hombre, y la corta vista de mi viejo padre aseguran el no ser desconocido; y con esto viviremos seguros del Príncipe, dándome primero palabra de esposo, que desde luego te doy de esposa. Tu Ardenia.»

Tristán	¿Qué le dices al papel?
Persio	Digo, Tristán, que mañana

23

cumpliré de buena gana
lo que ordena Ardenia en él.

Tristán   ¿Cómo?

Persio   Mañana he de ser
hermano de la que adoro,
y ella, su casa, y tesoro,
han de estar en mi poder.
¿Yo no soy recién venido
a esta Corte? pues di, ¿quién
fingir puede esto más bien,
o ser menos conocido?
Vive Dios, que he de engañalla,
Tristán, con su mismo engaño.

Tristán   Es atrevimiento extraño.

Persio   Sígueme, ayúdame, y calla.

Tristán   Él es mucho aventurar.

Persio   Yo no tengo este papel
de ella firmado: pues él
de todo me ha de sacar.
Tres mil ducados tendré
de renta desde mañana,
y de mi querida hermana,
si puedo, al fin gozaré.

Tristán   ¿De modo, que a buena cuenta,
este papel te ha valido,
gozar de la que has querido,
y gastar tres mil de renta?

¿O más que santo, papel,
que escribió un Ángel hermoso,
cuál fue el papel venturoso
que diste al galán por él?

(Recorre los papeles de la faltriquera.)

Persio   Verelo, pero seguro
puedes tener confianza,
de que no ha sido libranza.

Tristán   Ni privilegio de juro.

Persio   ¿Sabes cuál era? Un romance
en que a Montano escribía
la historia de Celia, y mía.

Tristán   Suma el recibo, y alcance.
¿El Poeta eres primero,
que por coplas enriquece:
mas sabes que me parece?

Persio   ¿Qué?

Tristán   Que llevas mal agüero
En que principio haya dado
a este caso la poesía.

Persio   Calla, necio, en la porfía
del vulgo ignorante has dado.

Tristán   Llegado nos ha al mesón
la platica sin sentir.

Persio	Esta noche no hay dormir.
Tristán	¿Pues qué?
Persio	Estudiar la lección.
Tristán	¿Qué lección?
Persio	Este papel de memoria has de tomar, que mañana se ha de dar a mi padre cuenta del.
Tristán	¿Ya es tu padre?
Persio	Ya lo es, y ya soy Arnesto yo.
Tristán	¿No Persio, ni Julio?
Persio	No.
Tristán	Con este, en seis meses, tres Nombres ya mudado habrás: el uno, de Celia huyendo: el otro, a Ardenia siguiendo.
Persio	Dudo en cual acierto más.

(Vanse.)

(Salen Arseno, y Sancho, y Celia con una luz.)

Arseno	Para venir descontento

de perder lo que tenía,
es bueno, por vida mía,
Celia, este recibimiento.

Celia
      Y dar, es bueno también,
amargos días con celos,
negras noches con desvelos,
y con sospechas, a quien
Con su hacienda os ha entregado
la voluntad, como veis.

Arseno
      No muy debalde lo hacéis
con quien palabra os ha dado
De marido.

Celia
             ¿Y que diez mil
ducados de renta gano
con alcanzar vuestra mano,
sino ese cuerpo gentil?

Arseno
      Pues si tan poco ganáis
en que yo la mano os dé,
la palabra os soltaré,
si también me la soltáis.

Celia
      ¿Cuando veis que me he empeñado
eso de vos a oír vengo?
¿Conocéis que amor os tengo,
y arrojaisos confiado?

Arseno
      Pues si me tenéis amor,
sufridme, así Dios os guarde,
que venir un poco tarde
no es agora tanto error,

Para levantar tal fuego:
idos, señora, con Dios,
que yo tengo que rezar,
y a veros entraré luego.

Celia   En celos mi pecho arde.

(Vase.)

Arseno   ¿Entrose ya?

Sancho   Ya se ha entrado,
pero por Dios que has andado,
y perdóname, cobarde.
¿Si has de ir mañana a vivir
con la que adorando estás,
porque, di, perdido has
esta ocasión de reñir,
y descompadrar del todo?

Arseno   Por Dios que me ha acobardado
ver, que me tiene obligado
Celia por tan noble modo.
Tú sabes la gran pobreza
con que a esta Corte llegué,
de Celia me enamoré,
pagó mi fe con firmeza.
Dile de esposo palabra,
y solo sobre esa prenda
me da su casa, y hacienda:
¿esto en que piedra no labra?

Sancho   ¿Pues, y Ardenia?

Ardenia	Ardenia, amigo es el bien de mi memoria, es el centro de mi gloria, y el claro norte que sigo.
Sancho	¿Ha de ser tu esposa?
Arseno	Sí, aunque muriese por ella.
Sancho	¿Pues y Celia?
Arseno	Entretenella, como lo hice hasta aquí. ¿Sabes ya lo que has de hacer mañana?
Sancho	Que he de alquilar dos mulas, y he de buscar dos maletas, y has de ser Arnesto, y vienes de Roma, que eres hijo de Justino, y de Roberto sobrino, que del Cardenal Coloma En el servicio murió.
Arseno	Diestro estás, mas por ver muero, deste papel lo postrero que mi Ardenia me mandó Que estimase, por ser firma de su amor en verso viene: ¿esta gracia también tiene mi bien?

Tristán	Su ingenio confirma.
Arseno (Lee.)	Oíd, amigo, Montano, los sucesos de un Poeta.

(Sale a la puerta a espiar Celia.)

Celia	No sosiega el alma inquieta; ¿ved si me recelo en vano? Un papel está leyendo.
Arseno	Ni estilo, ni letra, amigo, son de mujer.
Sancho	Yo tal digo.
Arseno	¿Qué puede ser?
Sancho	No lo entiendo.
Celia	Celos me dan cruda guerra.
Sancho	Lee algunos versos más.
Pap.	En seis meses que ha, no más, que Dios me trajo a esta tierra.
Sancho	Señor, el caso he entendido: allá dejaste el papel, y este tomaste por él.
Arseno	Eso lo cierto habrá sido.
Sancho	No importa, pues diestro estás

en la traza que traía.

Arseno
    Lo postrero no sabía,
    que es lo que estimaba más.

Celia
    ¿Qué consultas? ¿Qué debates?

Arseno
    ¿Amigo Sancho, qué haremos,
    para que el papel hallemos?

Sancho
    ¿Es hora, que de eso trates?

(Sale Celia.)

Celia
    ¿Ya no lo puedo sufrir,
    traidor, son estas las horas

(Quítale el papel Celia.)

    en qué rezas, y en que adoras?

Arseno
    ¿Vuélvesme ya a perseguir?

Celia
    He de leer el papel,
    o la vida ha de costarme

Arseno
    Si con eso has de dejarme,
    toma, y abrásate en él.
    ¿Pensabas que era billete
    de dama?

Celia
    Yo lo veré.

Sancho
    Sin razón tu enojo fue.

Celia	¿Osáis hablarme, alcahuete?
Celia (Lee.)	Oíd, amigo Montano, los sucesos de un Poeta: En seis meses que ha, no más, que Dios me trajo a esta tierra, Libre y descuidado andaba, cuando Dios y enhorabuena, con una dama encontré.
Celia	Arseno, ¿qué dama es esta?
Arseno	El papel lo dirá, lee.
Celia (Lee.)	De buen talle, cara, y prendas, al fin toda me agradó.
Celia	¿Y tú, sí agradaste a ella?
Arseno	El papel lo dirá, lee.
Celia (Lee.)	Informeme de quien era. «Yo juro, que no te quede, Arseno, por diligencia. Y que era doncella supe. ¿Que se te da que lo sea? dale, como a mí, palabra.»
Arseno	Celia, por Dios que estás necia: ¿cómo sabes que soy yo? ¿de quién ese papel reza?
Celia	El papel lo dirá; leo.

«Y que era su nombre Celia.»

Arseno   ¿Cómo?

Celia   ¿Pues ya anda mi nombre
en coplas, señor? ¿No vieras
que habiendo de ser tu esposa
es bien que buen nombre tenga?

Arseno   No hay más Celias que tú.

Celia   No,
para Arseno no hay más Celias.
Y concurren muchas cosas
para que negar no puedas.

Sancho   Señor, ¿qué puede ser esto?

Arseno   Un confuso mar me anega.

Celia (Lee.)   Sabe Dios que temblé todo
a la palabra, doncella;
mas al fin acometí,
(A Sancho aparte.) que mi antigua maña es esta.

Arseno   Sancho amigo, vive Dios,
que este papel es de Ardenia,
que ha sabido ya esta historia;
y así su venganza ordena.

Celia (Lee.)   Fui admitido, entré en su casa
rica, adornada, y compuesta;
era su guarda una tía,

Julia en nombre, en años vieja.

Celia

¿Hay más Celias que yo, Arseno?
¿Cómo agora no lo niegas?
¿No reza de ti el papel?

(Aparte.)

Arseno

¿Que así me castigue Ardenia?

Celia (Lee.)

Era una vieja excusa,
lo que llaman de honor dueña.
Criadas della, y Dorista,
y el escudero Perea,
un gato manso de Roma,
y una perrilla faldera.

Celia

También era fuerza dalle
cuenta destas menudencias.

(Aparte.)

Arseno

¿Quién tan por menor habrá
informado desto a Ardenia?

Celia (Lee.)

A pocos días, y lances
amor a los dos concierta
a futuro casamiento.
¿Qué no hará quien desea?

Celia

¿De manera que el deseo
de gozarme os hizo fuerza,
y no el merecerlo yo?

(Aparte.)

Arseno	¿Que Ardenia esto también sepa?

Celia (Lee.)	Démonos los dos palabras,
	que son no costosas prendas,
	y para engañar las bobas,
	industriosas alcahuetas.

Celia	¿Bien descubrís vuestro pecho;
	y vos me vendéis nobleza?
	¿Al fin que habéis de engañarme?
	no ha de ser de esa manera,
	que ay Dios, leyes, y justicia.

Arseno	¿Quién no pierde la paciencia?

Celia	¿Este pago dan los hombres
	tras de tantas obras buenas?
	¿Desto sirve el regalaros
	con mi casa, y con mi hacienda?
	Si mi honor os entregara,
	buena quedara de necia.

Arseno	¿No dice más el papel?

Celia	¿Sí dice; pero qué enmienda
	puede tener lo que ha dicho?

(Quítale el papel Arseno, y lee.)

Arseno	Deja que todo lo lea,
	que estoy loco, y quiero ver,
(Aparte.)	que es lo que en el fin se encierra,

que por firma de su amor
estimarme mandó Ardenia.
 «Al fin sobre mi palabra
me dio lo que llaman ellas,
su honra, y lo que solemos
llamarla flor los Poetas.»

Arseno   Yo, Celia, no te he gozado;
esto de otro dueño reza.

Celia   ¿En lo que mi queja fundo,
quieres fundar tu defensa,
si te alabas sin gozarme,
si me gozaras, que hicieras?

Arseno   Bien lo riñes, más aguarda,
que va adelante la letra.
 «En habiéndola gozado
conocida diferencia
que ay del dudoso deseo
a la posesión quieta.
Canseme, y a pocos días
la deje burlada, y necia.»

Arseno   Yo, Celia, no te he dejado.

Celia   Escribes lo que hacer piensas.

Arseno (Lee.)   Y para vivir seguro
de que me siga y me prenda,
me he mudado el propio nombre.

Arseno   ¿Yo he mudado el nombre, Celia?
esto otras historias toca.

Ya cobro nuevas sospechas.

Celia   En mi casa eres Arseno,
               y no sé si fuera della
               te lo has mudado.

Arseno   Bien dices.

Pap.   Y el que antes Persio era.

Celia   Ay, Dios.

Ardenia   ¿Pues? ¿Qué Persio es este?
               ¿Qué colores diferencias?

Celia   Sí.

Arseno   No tienes que alegar,
               que esta no es la vez primera
               que deste Persio he oído
               murmurar algo en tu ofensa.
               Quien esto de sí sabía,
               con tan animosa lengua,
               ¿me ofendía y agraviaba,
               como si razón tuviera?

Celia   Tú falso, tú, por dejarme,
               estos engaños ordenas.

Arseno   ¿Que aún animas tus enredos
               una mujer que no intenta?

(Sale Perea escudero.)

Perea	Cuando ya los gallos cantan ¿anda esta casa en pendencias? ¿Qué es esto, Sancho?, ¿qué es esto?
Sancho	Es el demonio, Perea; oíd, y ved, y callad.
Perea	Eso me mando mi abuela.
Arseno (Lee.)	Agora me llamo Julio. Estas, son, señor las nuevas, que os puede dar este amigo, desta Corte de Bohemia.
(Aparte.)	
Celia	¿Ha Persio: no te bastara hacerme sola una ofensa?
Arseno	Celia, quédate con Dios, y haga el cielo que te veas deste tu Persio vengada. Yo no trato de mi afrenta, yo te perdono mi agravio, y solo en su recompensa te pido, que desde aquí, ni me sigas, ni me quieras, Donde acaso me encontrares, cual si no me conocieras, ni me mires con tus ojos, ni me nombres con tu lengua.
Celia	¿Dónde te vas a estas horas,

38

Arseno? señor espera;
ola, Perea, tenedlo,
no dejéis que abra las puertas.

Sancho   En eso no se pondrá,
                si quiere vivir Perea.

Perea   Pues de que quiero vivir,
                como si agora naciera.

(Vanse.)

(Salen Persio y Tristán de camino, y Justino.)

Justino   Vengáis muy enhorabuena,
                hijo de mi corazón,
                que llegáis en ocasión,
                que aliviáis mucho mi pena.
                La muerte de vuestro tío,
                mi hermano, en el alma siento,
                pero vuélvela en contento
                el gozaros, hijo mío.

(Sale Ardenia.)

Ardenia   ¿Que vino mi hermano Arnesto?
                al cielo mil gracias doy.

(Aparte.)

Persio   Cuan otro que piensa soy.

Tristán   Aquí es Troya.

Ardenia	¿Mas que es esto?
Justino	Dale a tu hermana los brazos.
Persio	¿Hermana del alma mía, posible es, que llegó el día de gozar destos abrazos?

(Aparte.)

Ardenia	¡Cuan otros los esperaba!
Inés	¿Qué vino ya mi señor?

(Aparte.)

Tristán	Ya yo también tengo amor.

(Aparte.)

Inés	Mas no es el que yo pensaba. ¿Qué es esto, señora?
Ardenia	Es lo que mi suerte ha ordenado, mi hermano, que hoy ha llegado, porque hoy me dañaba, Inés. Menester es dar aviso a Arseno de lo que pasa.
Inés	¿Cómo, o dónde, si su casa jamás declararnos quiso?

(Aparte.)

Tristán	Todo el mundo se entristece.

(Aparte.)

Inés	Si él tardara más un día otro hospedaje hallaría.

Ardenia	Dios lo quiere así.

Persio	Parece Que os habéis entristecido; si es porque mal talle tengo, a ser vuestro hermano vengo, que no vengo a ser marido. Hasta aquí mi condición, hermana, no la sabéis, en sabiéndola, veréis, que alegraros es razón. En mi no es de esa manera, que tal me habéis parecido, que mejor a ser marido, que a ser hermano, viniera.

Justino	No te espantes, hijo Arnesto, de lo que en tu hermana ves, que es condición, y un mes no le veo alegre el gesto. Entra agora a descansar, y mientras otra se aliña, mi cama, o la de esa niña, reposo te pueden dar.

(Vase.)

Persio	En vuestra cama será,
	que sino me da mi hermana
	la vista de buena gana,
	menos la cama dará.
Inés	Háblale, que algún indicio
	cobrará contra tu fama.
Ardenia	Ardenia, su vista, y cama
	están a vuestro servicio.
	Y no os espante, si así,
	con ser mi hermano, me extraño,
	porque para mí es extraño
	lo que en mi vida no vi.
(Vase.)	
Persio	Bien lo entiendo.
Tristán	Bueno va;
	vive Dios que la han tragado.
Persio	¿Ves cómo él haber hallado
	ventura, en buscarla está?
(Vase.)	
Tristán	Oye, señora doncella,
	en mi amo a su señora
	le vino un hermano agora;
	¿en mí que le viene a ella?
Inés	Paréceme, que me viene.

Tristán	¿Qué le viene?
Inés	Un majadero.
Tristán	Por ser eso lo primero que me habla, perdón tiene. Porque de los desposados la primera es necedad.
Inés	¿Desposados? en verdad que estábamos remediados: ¿No ven que honrado marido?
Tristán	Oye, en tocándome en eso saldré de medida, y seso; mas yo la culpa he tenido, Que si yo no me abatiera, y a una vil mozuela hablara, ni se me desvergonzara, ni el respeto me perdiera. Mas no sabe quien yo soy.
Inés	¿Qué más que un criado eres?
Tristán	¿Poco sabéis las mujeres, pues por ser criado estoy de la estimación privado?
Inés	¿Qué la quita, si es, o no?
Tristán	¿Y el que a todos honra dio, que fue Adán, no fue criado?

Inés	Qué gracioso desvarío.
Tristán	¿Pero dejando esto, dama, tenéis aliñada cama al cansado cuerpo mío?
Inés	Una os tengo acomodada.
Tristán	Si es la vuestra, sí será.
Inés	A tal señor mal vendrá la cama de una criada. Mas yo por fiadora salgo, de que os ha de venir bien esta que os prevengo.
Tristán	¿Quién dormir suele en ella?
Inés	Un galgo.

(Vase.)

(Salen Arseno, y Sancho, de camino.)

Sancho	Al fin ello se ha de hacer.
Arseno	Echada la suerte está.
Sancho	A la puerta estamos ya; alto, toco a acometer.
Arseno	Nombre de Dios, imagino por las señas, que es aquí.

(Sale Tristán.)

Tristán   ¿Quién llama? ¿Quién está ahí?

Arseno   ¿Vive aquí el señor Justino?

Tristán   Aquí vive.

Arseno   Gloria a Dios.
                   ho casa, que llego a verte.

Tristán   ¿Quién sois, que entráis de esa suerte?

Sancho   Quien os puede echar a vos.

Tristán   ¿Echar a mí?

(Sale Justino.)

Justino   ¿Pues qué es esto?

Arseno   Padre y señor de mi vida,
                   dadme esa mano querida.

Justino   ¿Quién sois?

Arseno   Vuestro hijo Arnesto.

Justino   ¿Cómo?

Inés   Tristán, ¿qué aguardáis?
                   quiero avisar a mi amo.

(Vase.)

Arseno	¿Cómo, cuando padre os llamo,
	desa suerte os extrañáis?
	Si os enojáis, padre mío,
	porque sin licencia vengo,
	llana la disculpa tengo
	con la muerte de mi tío.
	Murió Roberto, y por eso.
Justino	¿Estáis loco?
Arseno	Ya debiera
	un hijo desta manera
	recibido.
Justino	Pierdo el seso.

(Salen Persio y Tristán.)

Persio	¿Sois vos, señor, por ventura,
	Arnesto el recién venido?
Arseno	Yo soy.
Persio	¿Y qué os ha movido
	a emprender tan gran locura?
Arseno	¿Quién sois vos, que desa suerte
	me habláis en mi casa a mí?
Persio	Arnesto soy, que nací,
	traidor, para daros muerte.

(Sacan las espadas, y acuchíllanse.)

Arseno	Vos mentís, y en este acero veréis que sangre lo mueve.
Justino	Hijo, tente.
Persio	¿A tal se atreve un embaidor embustero?

(Salen Ardenia, y Inés.)

Ardenia	Ay triste de mí, ¿qué es esto?
Arseno	Si mi padre no estuviera de por medio, yo os dijera, si soy embaidor, o Arnesto.
Justino	¿Es el Príncipe?

(Salen el Príncipe, y Claudio, con criados.)

Príncipe	El ruido pasando yo por ahí, me llamó. ¿Espadas aquí? Desvergonzado, atrevido. Ya que a esta cana cabeza el decoro le perdéis, viles, ¿no respetareis esta divina belleza? Dad las armas. Viejo honrado ¿esto pasa en vuestra casa?
Justino	Esto, gran Príncipe, pasa en casa de un desdichado.

Oye, y el cuento sabrás.

Sancho   Señor, ¿qué habemos de hacer?

Arseno   Ya se erró, no hay que escoger.
                lo que el caso enseñe, harás.

(A Inés aparte.)

Ardenia   Llégate a mi Arseno, Inés,
                y con recato le di,
                que ya que sucedió así,
                sufra, y no diga quien es.
                Que todo cuanto suceda,
                como él con vida quede,
                al fin remediarse puede,
                si a mí la vida me queda.

(A Tristán aparte.)

Persio   Tristán, hoy has de mostrar
                cuanto por amarme pones.

Tristán   Aunque muera, serán nones.

Príncipe   Caso digno de admirar.

Justino   Veinte años que han pasado
                sin vello, cosa es bien clara,
                que la imagen de su cara
                en mi memoria han borrado.
                Y también como ha crecido
                de niño a hombre en la ausencia,
                de los dos la competencia

48

determinar no he podido.

Príncipe   Es atrevimiento extraño
                       de uno de los dos.

(Hable al Príncipe aparte, apunte a Arseno.)

Claudio   Señor,
                       este hombre tiene amor
                       a Ardenia, sino me engaño,
                       Que mil veces lo he encontrado
                       paseando por aquí;
                       y aunque antes nunca entendí
                       esto que te he declarado,
                       Con lo que hemos visto agora
                       mi cierta sospecha crece.

Príncipe   Y pues ella me aborrece,
                       ¿quién duda que a este adora?
                       Eso Claudio, que has pensado,
                       es muy fácil de creer,
                       que es galán, ella mujer,
                       ciego amor, yo desdichado.
                       ¿Qué haré? que estoy sin seso,
                       estoy por dalle la muerte.

Claudio   Yo temo, que desa suerte
                       se empeore este suceso,
                       Que obligarás de ese modo
                       a Ardenia, si lo ha querido.
                       a decir, que es su marido,
                       y perderasla del todo.

Príncipe   Claudio aconséjame pues.

49

Claudio	Escucha mi pensamiento.
Arseno	Que haré su mandamiento, responde a mi Ardenia, Inés.
Sancho	Inés, por ti me he perdido.

(Vase Claudio.)

Príncipe	Cuádrame tu parecer.
Justino	Fácil es, señor, saber, cuál de los dos ha mentido.
Príncipe	Eso está ya declarado, que el que esta noche llegó he visto otras veces yo en Corte y me han informado, De que es un loco de atar, y así del remedio del trato.

(Sale Claudio, con un cordel.)

Claudio	Aquí tienes cordel.
Tristán	Tormento nos quieren dar.
Príncipe	Atad ese loco presto.
Arseno	¿A mí? ¿Por qué tal rigor? advertid, padre, y señor, que soy vuestro hijo Arnesto.

Príncipe	Mirad si su tema dura.
Sancho	¿Arnesto desta manera? nunca de Roma viniera, para tanta desventura.
Príncipe	¿Quién es este?
Tristán	Su criado.
Príncipe	Triste del, ataldo presto.
Claudio	De su amo, según esto, la enfermedad le ha tocado.
Tristán	Señor, pues ves lo que pasa, pon tu barba a remojar.
Príncipe	Estos dos has de llevar, y entregallos en la casa de los locos. El cuidado encarga de su salud.
Tristán	¡Qué cristiandad! ¡Qué virtud!
Persio	Escucha.
Ardenia	Aun me he consolado Pues va donde lo veré, y hacerle podré regalo.
Príncipe	Un saco muy roto, y malo, haz que a este se le dé,

Y que lo pongan en parte,
que todo el mundo lo vea,
porque esto en Ardenia sea,
a que lo aborrezca, parte.

Claudio   Haré tu mandado. Andad.

Arseno   Príncipe, un agravio tal
no es de tu pecho Real;
más valdrá al fin la verdad.

(Vanse Claudio, Arseno, y Sancho.)

Príncipe   Arnesto, vedme mañana,
que esta noche pensaré
algo que daros, con que
regaléis a vuestra hermana.

Persio   El cielo guarde, señor,
vuestra mano liberal.

Justino   Es al fin mano Real.

(Aparte.)

Persio   Él a Ardenia tiene amor.

Príncipe   Quedad, Ardenia, con Dios,
y del hermano gocéis
los años que merecéis.

(Vase.)

Ardenia   Para serviros a vos.

Persio	En celos quedo abrasado.
Justino	Entraos, Arnesto, a acostar.
Ardenia	Inés venme a desnudar.
Tristán	De buena hemos escapado.

(Vase.)

Fin de la primera jornada

Jornada segunda

(Sale Perea.)

Perea
        Jesús, ¿quién creyera tal?
ha pobres enamorados,
cuan ciegos y despeñados
buscan el último mal.

(Sale Celia.)

Celia
        Perea, ¿de dónde bueno?
¿Qué hay de nuevo? ¿Habéis corrido
la ciudad? ¿Habéis tenido
rastro del traidor Arseno?

Perea
        Con razón lo habéis llamado
rastro, porque aunque lo hallé
a él mismo, de lo que fue,
el rastro solo ha quedado.

Celia
        Hablad claro.

Perea
            Ya me aclaro;
digo, que sé donde está
Arseno.

Celia
        Decildo ya.

Perea
        No sin causa me reparo,
Porque no son muy sabrosas
las nuevas que del he hallado.

Celia
        Pues ¿qué son? ¿Hase casado?

Perea	No más de con dos esposas.
Celia	¿Dos?
Perea	Y está con ellas preso.
Celia	¿Luego no soy sola yo a la que Arseno engaño?
Perea	Qué bien lo entendéis; no es eso.
Celia	¿Pues qué? no lo dilatéis.
Perea	Sosegad el pecho inquieto, que donde está yo os prometo, que seguro lo tenéis.
Celia	¿Está muerto?
Perea	Vivo, y fuerte está, no es ese su mal, mas otro tan general a todos, como la muerte.
Celia	¡Qué flema, viejo, tenéis, cuando cólera rebozo, ho muera yo con un mozo!
Perea	Y aun con él vivir querréis.
Celia	No quiero saberlo ya; idos de aquí: ¡Qué pesado!

Perea	Ya lo digo, aunque forzado:
	Arseno, señora está
	Adonde cuantos nacieron
	son llamados con razón,
	y los escogidos son
	los que menos merecieron.
	Y estos escogidos pocos,
	son, en serlo, desdichados,
	porque viven encerrados
	en la casa de los locos.
Celia	¿Agora estamos en eso?
Perea	Y en eso está Arseno agora.
Celia	¿Estáis sin seso?
Perea	Señora,
	bien pudiera estar sin seso,
	Pues que vi sin él a Arseno,
	de tosco sayal vestido,
	tras una reja oprimido,
	todo de prisiones lleno.
Celia	¿Qué decís?
Perea	La verdad digo.
Celia	¿Burlaisos?
Perea	No, por san Pablo,
	cuando en cosas graves hablo,
	¿suelo burlarme contigo?

Celia	Ho mal aya el que escribió,
	Arseno, el papel, que ha sido
	la causa de haber perdido
	vos el seso, y a vos yo.
	Salió de mi casa Arseno
	lleno de rabia y pesar,
	debiose el triste de andar
	toda la noche al sereno,
	Y de celos del suceso,
	del papel, de no dormir,
	de imaginar, y sentir
	perdió el desdichado el seso.
	Mal haya tanto celar;
	hay de ti, y hay de mi triste,
	mas mira bien si lo viste,
	que te pudiste engañar.
Perea	En vano remedios pones;
	no me engañé, porque allí
	también a Sanchillo vi
	con su saco, y sus prisiones.
Celia	¿Qué hay en mi mal que no crea?
	¿Podré yo velle y hablalle?
Perea	Tan cerca está de la calle,
	que nadie, sin que lo vea,
	Por ella podrá pasar,
	que yo por eso lo vi,
	que pasando por allí,
	acaso volví a mirar.
Celia	¿Cómo me detengo tanto?
	vamos, dadme el manto luego.

Perea	Ved si tiene tasa el fuego.
Celia	Ola, acabad, ese manto.

(Vanse.)

(Sale Arseno a una reja con saco de loco.)

Arseno	Bien se echa de ver, fortuna,
	cuán ciega tus dones das,
	pues al que merece más,
	te muestras más importuna.
	Bien se echa de ver, amor,
	tu niñez, y seso poco,
	pues que castigas por loco
	a quien te sirve mejor.

(Sale Sancho con saco de loco a la reja.)

Sancho	Triste vida es la de un loco,
	que está todo el día holgando,
	solamente imaginando.
Arseno	¿Trabajase en eso poco?
Sancho	Solamente revolver
	pensamientos es su oficio,
	que al que tenga más juicio
	bastaran a enloquecer.
	¿Y tú qué piensas, señor?
	mas puesto que loco estás,
	mil locuras pensarás.

Arseno	Sí que pienso en el amor.
Sancho	Lleve el diablo el cieguecillo, hijo de la vil ramera, tiénete desta manera ¿y porfías en seguillo? Al demonio es parecido el que vive enamorado, más perdido, y más penado, y menos arrepentido.
Arseno	¿Qué me importa ya olvidar la causa, si el daño siento?
Sancho	No dar a la causa aumento, que crece de imaginar. Da en pensar en otra cosa, y pues que locos estamos, una locura escojamos más útil, y más gustosa. ¿Sabes que tema sospecho, que hará olvidar cualquier mal?
Arseno	Que tema, di.
Sancho	Decir mal de todo Cristiano a hecho, que puede un discreto dar mil juicios, por tener licencia para poder hartarse de murmurar. Por el Príncipe empecemos, que pues por locos nos dio, de su mano nos firmó

la licencia que tenemos.
Tras él su padre ha de ir,
luego todos los humanos,
solo de los escribanos
no me atreveré a decir.

Arseno   Ay, Sancho, que de mi mal
                divertirme en vano quieres.

Sancho   Lleve el diablo a las mujeres,
                y aun a quien las quiere mal.

(Salen Ardenia, y Inés, con mantos.)

Inés   ¿Veslo?

Ardenia   Sí, y no me está bien
                tan presto, Inés, encontralle,
                que es muy cerca de la calle,
                y cuantos pasan lo ven.

Inés   Fácil lo remediarás
                con el Administrador.

Sancho   Pues yo también tuve amor
                a Inés.

(Aparte.)

Inés   ¿Tuve amor; no más?

Sancho   Y vive Dios, que después
                que padezco esta mancilla,
                sino es para maldecilla,

61

no me he acordado de Inés.

(Aparte.)

Inés
      Así, traidor, pues callad,
que vos me la pagaréis.

Arseno
      Ojos, ¿qué es esto que veis?
alma decid la verdad.

Ardenia
      ¿Tan poco en mi fe te fías,
que dudas esta fineza?

Arseno
      No dudo por tu firmeza,
mas por las desdichas mías.

Ardenia
      Todas las puedes creer,
y no, que te falte yo.

Arseno
      ¿Pues para mí, si esa no,
qué desdicha hay que temer?

Ardenia
      Ésta que pasando estás.

Arseno
      Esta es gloria para mí,
que los tormentos por ti
deseo mi bien, no más.

Ardenia
      Ay, señor, que desta suerte
causártelos no querría,
mas es tal la dicha mía.

Arseno
      Di, que es, el no merecerte.

| Ardenia | El no haberme ya alcanzado |
| | prueba tu merecimiento. |

Arseno	Con ese mismo argumento
	no merecerte he probado:
	Pues alcanzo el bien de verte,
	y es llano, porque ¿quién fuera
	tan dichoso, que te viera,
	habiendo de merecerte?

Ardenia	Tú, que para más pesar,
	a ambas cosas has llegado,
	porque desa suerte el hado
	te tiene más que quitar.

Arseno	Atormente, alargue, impida,
	quite, condéneme a loco,
	que todo, mi Ardenia, es poco,
	si duran tu fe, y tu vida.

Ardenia	Informente mis intentos
	de mi fe, mas no los casos,
	que mi desdicha los pasos
	impide a mis pensamientos.
	Mi vida no es muy segura,
	que como solo el morir
	de ti me ha de dividir,
	témolo de mi ventura.
	Demás de que el verte así
	es insufrible tormento.

| Arseno | ¿Mi bien, si así estoy contento, |
| | por qué te dueles de mí? |

Ardenia   ¿Cómo no ha de atormentarme
el caso de Arnesto?

Arseno   En esto
no te quejes del suceso,
pues que pudiste avisarme.

Ardenia   ¿Cómo, si yo no sabía
tu casa, que por tu mal
me has hallado, desleal?

Arseno   Estar pudiera en espía
A tu puerta, o tu ventana,
quien me diera aviso dello.

Ardenia   Inés sola pudo hacello,
y esa desde la mañana,
Hasta que entraste, aguardó.
llamóla entonces Arnesto,
y aunque quiso volver presto,
antes el mal sucedió.
Al fin la desdicha mía
todo lo supo ordenar,
pues que pudo hacer llegar
a Arnesto en tan fuerte día.

Arseno   No te aflijas, que no mucho,
pues te veo, te ha perdido.

Ardenia   En eso mi fe ha perdido
mas, que el hado, con quien lucho.

Arseno   ¿Cómo aquí a venir te atreves,
estando tan fresco el caso?

¿De tu hermano no haces caso?

Ardenia   Eso y más a mi fe debes.
                 Mi padre a Misa salió,
                 tras él a besar la mano
                 al Príncipe fue mi hermano,
                 y tras él a verte yo.
                 Aunque el tormento, que saco
                 de verte así, es de tal suerte,
                 que más quisiera no verte.
                 ¿Tantos yerros? ¿tanto saco?

Sancho   ¿Pues, Inés, no nos hablamos?
                 ¿De qué nace la hinchazón?
                 ¿No te ha dado comezón
                 el oír a nuestros amos?
                 Que yo te juro, que a mí
                 me la ha dado de manera,
                 que a un loco amores dijera,
                 sino te tuviera aquí.
                 Inés, ¿qué es esto? ¿despúes
                 que deste modo me tienes,
                 me lo pagas con desdenes,
                 y con berrinches, Inés?
                 ¿No te dueles deste saco
                 que me han vestido por ti?
                 ¿Toda vía estás así?
                 ho lleve el diablo al bellaco,
                 Que por tu amor se arriesgó,
                 y desta suerte se ve;
                 también yo enojarme sé;
                 aguarde que la hable yo.

Arseno   Con el Administrador

alcanzallo todo espero,
que si algo puede el dinero,
yo lo tengo, y tengo amor.
saldrás con la noche oscura
a verme; pero de día
tu vida importa, y la mía,
que prosigas tu locura.
Aquí estarás regalado;
¿no lo has sido estos dos días?
y en cuenta dos joyas mías
al mayordomo he enviado.

Ardenia   Bien se ha portado conmigo.

Arseno   Así te habrás de pasar,
                           hasta que a más dé lugar
                           el Príncipe mi enemigo.

Sancho   ¿Pues no me ruegas? ¿Qué es esto?
                           mas ya, Inés, ya te entendí,
                           el mozo anda por ahí
                           del recién venido Arnesto.

(Salen.)

(Sale Celia con manto tapada, y Perea.)

Perea   ¿Veislo ya, señora?

Celia   Sí,
                           y ojalá que no lo viera:
                           ha traidor.

Persio   Mas sino fuera

esta locura por ti.

Ardenia   Cúbrete, que tiende el paso
                 hacia acá está rebozada.

Sancho   Celia es esta.

(A Arseno aparte.)

Arseno   Importa nada,
                 pues ya sabe Ardenia el caso.

Celia   Lleguemos, que no hay cordura
                 para poder sufrir esto.

(Aparte.)

Sancho   Acá viene, ello habrá presto
                 en todos harta locura.

Celia   Dios guarde a vuesas mercedes.

Ardenia   Y a vuesa merced.

Celia   No pocos,
                 según veo, son los locos,
                 a quién prenden estas redes.
                 A un famoso aprisionado
                 tan en seso se visita,
                 o no es cuerda la visita,
                 o no es loco el visitado.
                 Del lo visto me da indicio,
                 que fue fuerza enloquecer;
                 ¿porque a quién tanta mujer

no le quitará el juicio?

(A Ardenia aparte.)

Inés   Celos son éstos.

Ardenia   Yo rabio.

Inés   ¿Por qué callas?

Ardenia   ¿Soy mujer
                        baja, para responder?

Inés   Yo, si quieres.

Ardenia   Cierra el labio.

Celia   Mas lo que en este suceso
                        me causa admiración, es,
                        que quieran del más, después
                        de haberle quitado el seso.
                        Aunque si las ha engañado,
                        como a alguna que yo sé.

Arseno   Parad, que hasta aquí callé,
                        porque habéis de fuera hablado.
                        Mas ya decís, que sabéis,
                        y antes que lleguéis a erraros,
                        será justo refrenaros,
                        que temo que os despeñéis.

(A Arseno aparte.)

Sancho   Perdidos somos, gran tiento

has menester en hablar,
que Ardenia se ha de enojar.

Arseno
    ¿De qué, si sabe este cuento?
Celia, yo estoy admirado,
de ver, que cara tengáis
para hablar como me habláis,
tras el suceso pasado.
Mas vuestro proceder loco
a darme a entender comienza,
o que no tenéis vergüenza,
o que me tenéis en poco.
Y ojalá, que el no estimarme
os mueva a que así me habléis,
pues si en poco me tenéis
estáis cerca de dejarme.
Haceldo, que os está mal
seguir a un loco, por Dios,
válgame, Celia, con vos
este estado, este sayal.
Dejadme, ¿qué pretendéis?
deboos algo, y si os debiera,
solo estar preso pudiera,
yo lo estoy, ¿qué más queréis?
Dejadme, a Persio seguid,
que os es más cierto deudor.

(Aparte.)

Ardenia
Celos le pide, ha traidor.

Sancho
Has hablado como el Cid.

Celia
Ni engaños, ni fingimientos,

ni del papel la invención
han de impedir mi razón,
ni han de mudar mis intentos.
Y si por cumplir acaso
con las que os han escuchado,
dese modo habéis hablado,
yo os sabré atajar el paso.
Que pues vos tan claro hablastes,
yo también claro he de hablar,
que a otra no habéis de engañar
del modo que me engañastes.
Que sabrán las que han oído
las culpas que me ponéis,
que palabra me tenéis
dada de ser mi marido.

Ardenia   ¿Qué tengo que esperar más?
vamos.

Arseno   Señora.

Ardenia   No creas,
ni que ya jamás me veas,
ni que te veré jamás.

Arseno   Vuelve, escucha.

Ardenia   Indicio fuera
de quererte perdonar.

(Vanse Ardenia, y Inés.)

Arseno   ¿Por qué me quieres matar
sin oírme? vuelve, espera,

70

Celia, demonio, mujer,
vete, déjame, señora,
vuelve, vete engañadora,
¿qué esperas? ¿qué hay más que hacer?
vete que ya, fiera arpía,
de la boca me has quitado
el más sabroso bocado;
ay perdida gloria mía.

(Vase Arseno.)

Celia   Voyme, traidor, desleal,
voyme, y os prometo a Dios,
de no acordarme de vos,
sino para haceros mal.
Vamos.

Sancho   Para no volver.

Celia   En san Juan me dejaréis,
Perea, y os volveréis
a seguir esta mujer.
Procurad velle la cara,
y sabed su casa, y nombre.

(Vase Celia, y Perea.)

Sancho   Si empieza a caer un hombre,
hasta el postrer mal no para.
Buenos, Celia, nos dejáis,
buenos quedamos por vos,
presos, sin blanca, y ajenos
de todo humano favor.
Pensaba yo, que durara

la prisión, como empezó,
al comer, cual que gallina,
al cenar, cual que capón.
Espantastesnos la caza,
perdió por vos mi señor
a Ardenia, y a vos por ella,
y a Inés por entrambas yo.
Y ya nos será forzoso
comer la endeble porción
de un loco, que quien la vea,
dirá que otra vez sirvió.
Comeremos hormiguillo,
mar, donde nunca alcanzó
solo un grano de avellana
el loco más nadador.
¿Luego habrá mudar camisa?
ya me considero yo
hecho de aquestos ejidos
el ganadero mayor.
De todas estas desdichas
vos, Celia, la causa sois.
Plega a Dios, fiera celosa,
que no os lo perdone Dios.

(Vase.)

(Salen Persio, y Tristán.)

Tristán	Ya eres justicia, señor.
Persio	Ya soy justicia, Tristán.
Tristán	Y según las cosas van, presto serás la mayor.

Plega a Dios, que años sin cuento
te dure tanta ventura,
que yo no juzgo segura
dicha con tal fundamento.

Persio   Calla, atrévete a acabar,
ya que a emprender te atreviste,
pues la mayor parte hiciste
de la obra en comenzar.

Tristán   Bien me atrevo, más recelo,
cuando alzas torres al viento,
como no es firme el cimiento,
verlas todas en el suelo.
Que de tu parte en engaño
se fundan, pues descubierto
quién eres, mira si es cierto,
que fabricas por tu daño.
Pues el Príncipe, bien ves,
si tanta merced te hace,
que de amor de Ardenia nace,
y mudable el amor es.

Persio   Todo puede prevenillo
buen ingenio, y buen cuidado,
mi engaño va bien fundado,
nada puede descubrillo.
Cartas de Arnesto a Justino
no pueden llegar jamás,
pues tu siempre en casa estás
a impedilles el camino.

Tristán   Sí, ¿mas si Arnesto viniera,
por ser ya muerto su tío,

cómo escribe?

Persio

        Al poder mío
pienso que no se opusiera.
Porque ¿de dónde tendría
el dinero que conviene
para el pleito, si el que tiene
su padre está a cuenta mía?
Pues no teniéndolo, cuya,
¿Tristán, la vitoria fuera?

Tristán

      ¿Y si él dineros trajera
de Roma?

Persio

        Aún no fuera suya,
Que estoy informado y cierto,
por las cartas que he leído,
de los negocios que ha habido
entre Justino, y Roberto,
Y la letra contrahago
de Arnesto, que es un buen modo
de asegurarme.

Tristán

        Con todo,
señor, no me satisfago,
Que es la verdad enemigo
muy fuerte, y si a eso vinieras,
sospecho, que no tuvieras
al Príncipe por amigo.
Que mal gusto le ha de hacer
el cuidado, con que miras
por Ardenia, y la retiras
de donde la pueda ver.

Persio   Ya, Tristán, a Arnesto escrito
tengo en nombre de su padre,
que estarse en Roma le cuadre,
con que esos lances evito.
Demás de que pienso dar
muy presto fin a este enredo,
porque ya sufrir no puedo
tanto mudo desear.
No puedo abstenerme ya
del agua, estando sediento,
que es tanto más el tormento
cuanto el bien más cerca está.
Mil veces he acometido
con la licencia de hermano
solo a tocarle la mano,
y ninguna me he atrevido.
Así mis glorias limita,
Tristán, el amor cruel,
y aquella licencia que él
me debiera dar, me quita.
Así estoy de amor y miedo,
como al que sueña sucede
con el toro, que ni puede
moverse, ni estarse quedo.
Pues descubrirle quién soy,
y mi afición, es perderme,
que es forzoso aborrecerme,
pues causa a sus penas doy.

Tristán   Tiempo, lugar, y ventura,
muchos hay que la han tenido,
pero pocos han sabido
gozar de la coyuntura.
Quién el dolor que padece

75

ha dicho a su dama bella,
si una ocasión se le ofrece,
y no se atreve a cogella,
no tener otra merece.
Mas quien, como tu, procura
mover una peña dura,
que ha de extrañar tu intención,
aguarde con la ocasión,
tiempo, lugar, y ventura.
Regalala francamente,
que con la más rica, es
el dar un medio valiente,
en requebralla, cortés,
en servilla, diligente.
Y después que le aya sido
amante, galán, marido
mejor, que hermano, has de usar
de una traza, que en amar
muchos ay, que la han tenido.
Cuéntale una y otra historia
de amor, que lleve encubierta
su dulzura y gusto, y gloria,
que el apetito despierta
destos bienes la memoria.
Deste modo entra Cupido,
a esta traza has de ir asido,
muchos alcanzar pudieran,
si el orden guardar supieran,
pero pocos han sabido.
Tras de la historia de amor
meterás la deshonesta,
que le dé un lascivo ardor,
que en la materia dispuesta
entra la forma mejor.

Y si en la platica dura
detenida en su dulzura,
por más que a lo honesto excedes,
allí es Troya, entonces puedes
gozar de la coyuntura.

Persio   Diestro estás, por Dios que envidio
lo que de arte de amar sabes.

Tristán   Ni me envidies, ni me alabes,
sino al ingenioso Ovidio,
De quien lo dicho aprendí,
que aunque en servir he parado,
mi Latincillo he estudiado,
más Ardenia viene aquí.

Persio   Escóndete donde veas
si sigo bien tu lección,
que hoy tendrá fin mi pasión.

Tristán   Mira que prudente seas,
que entrar su padre podría,
y fuera un trance cruel.

(Vase, y escondedse detrás de la cortina.)

Persio   Si entrare,
(Muéstrale un papel.)   en este papel
fundo la disculpa mía.

(Aparte.)

(Ardenia aparte.)

Ardenia	Quien tiene amor, mal sosiega,
	y menos quien da en celar,
	y menos quien a tocar,
	cual yo un desengaño llega.

(Hablala turbado sin llegar a ella.)

Persio	Señora Ardenia, ¿qué es esto?
(Aparte.)	¿qué dudo? ¿qué hay que temer?
	¿no soy hombre? ¿no es mujer?
	¿no me tiene por Arnesto?
	¿Qué hay que esperar?

(Aparte.)

Ardenia	Ay, Arseno,
	cuan injusta pena llevo.

(A Tristán aparte.)

Persio	¿No es bueno, que no me atrevo
	a llegar, Tristán?

Tristán	No es bueno,
	¿Eres potro de Gaeta,
	más cobarde cada día?

Persio	Crece más la cobardía,
	cuanto más amor me inquieta,
	hermosa hermana ¿qué hacéis?

Ardenia	Yo nada.

Persio	¿En qué imagináis?

Ardenia	En nada.
Persio	Pienso que estáis triste, hermana.
Ardenia	¿En qué lo veis?
Persio	En esas cortas respuestas, y ese semblante severo, y aunque os doy lugar primero entre las damas honestas, Casi llego a sospechar, que os da pena este tirano de amor.
Ardenia	¿Es celarme, hermano?
Persio	Es sentir vuestro pesar, Bella Ardenia, hermana mía, porque no sé que otra cosa a una dama tan hermosa pueda dar melancolía. Porque si cosas queréis, que el dinero alcanzar pueda, nada el gozallas os veda, pues por vuestro me tenéis. Pues de sangre, de belleza, de fama, y de discreción, cosas que debidas son solo a la naturaleza. No sois tan pobre, que en nada envidiosa de otra estéis, antes pienso que podéis

ser de todas envidiada.
Y así saco, Ardenia hermosa,
por forzosa consecuencia,
que es de amor esa dolencia.

Ardenia   No me faltaba otra cosa.

Persio   Si esa te falta, imagina,
que serás discreta mal,
que es fuego amor, que el metal
del entendimiento afina.
Conmigo es el argumento,
que tiene fuerza mayor,
que quien tiene mucho amor
tiene mucho entendimiento.
¿Qué sutilezas no enseña
el amor? ¿qué discreciones?
¿qué agudezas? ¿qué invenciones
a un rudo? ¿a un bruto? ¿a una peña?
¿Quién en fiestas y torneos
entre todos se señala,
sino el amante, que iguala
las obras con los deseos?
En los brutos animales,
si en ello adviertes, verás
de lo que oyéndome estás,
mil evidentes señales.

(Aparte.)

Tristán   Que bien sigue mis lecciones.

Persio   ¿Dónde hay más dulces despojos,
que un mirarse, y por los ojos

leerse los corazones?
¿Dónde hay el bien de un favor
en recibirse, y en darse?
¿un celar? ¿un enojarse?
¿un reñir de puro amor?
(Tómale la mano.) ¿Un juntar palma con palma,
y los dedos entre sí
trabados, decirse así
dos mil requiebros del alma?
Dulce bien, ¡grata alegría,
o quién con términos claros
pudiera significaros
lo que siente el alma mía!
Que como esta mano veis,
que está en vuestra mano bella,
vierades mi alma en ella,
pues en ella la tenéis.
Vierades como en el pecho
secreto que martiriza
tanto fuego, que en ceniza
me tiene todo deshecho.
Pues no será sin razón,
que con la nieve que toco
(Bésale la mano.) tiemple por la boca un poco
el fuego del corazón.

Ardenia   ¿Jesús, son veras?

Persio   ¿Por qué
no lo han de ser? veras hablo.

(Aparte.)

Ardenia   ¡Ay Dios, si le tienta el diablo!

Tristán	Mas sabe que le enseñé.
Ardenia	Suelta la mano.
Persio	Sería de juicio poco sano, teniendo el bien en la mano, soltarlo, señora mía.
Ardenia	¿Estás loco?
Persio	Loco estoy.
Ardenia	¿Qué intentas?
Persio	Dame estos brazos.
Ardenia	Primero me harás pedazos; ¿sabes que tu hermana soy?
(Suelta la mano.)	
Persio (Aparte.)	No entiendes el fin que llevo, sé que eres hermana mía, más ser mi dama fingía, a aclararme no me atrevo.
Ardenia	A fe que estuve turbada.
Persio	Haz, Ardenia, lo que hicieras, si tú la que adoro fueras, o esquiva, o enamorada, Lo que tú escogieres.

Ardenia   Bien
                        deja eso.

Persio   ¿El esquivo modo
                        tomas?, pésame, que todo
                        se irá en vencer tu desdén.
                        Mas vaya.

Ardenia   No hay que cansarte,
                        que no quiero ser tu dama.

Persio   ¿A quien, como yo, te ama
                        tan dura podrás mostrarte?
                        ¿No conoces, gloria mía,
                        que a un amor tan excesivo
                        no es bien mostrar pecho esquivo,
                        siquiera por cortesía?

Ardenia   Digo, que no quiero ser
                        tu dama.

Persio   El amor ofendes
                        más leal.

Ardenia   Si no me entiendes.

(Aparte.)

Tristán   Sino te quiere entender.

Persio   La fe más firme desechas,
                        que vio jamás el amor,
                        y el más constante amador,

83

que emponzoñaron sus flechas.
¿Si la afición que te muestro
pagaras, señora mía,
qué bien el mundo tendría,
que igualase con el nuestro?
Si te esquivas desa suerte
por mi poco merecer,
sabe, que está por nacer
quien aya de merecerte.
Y si alguno ha de alcanzarte
de cuantos por ti padecen,
entre los que no merecen,
nadie me iguala en amarte.
Mas de amor tan excesivo,
hermosa esquiva, confieso,

(Bésale la mano.)   que en esta mano que beso
sobrado premio recibo.
¿Pues qué, si con lazo estrecho,
juntando a tu pecho el mío,
venciese tu hielo frío
con el fuego de mi pecho?

(Vale a abrazar.)

Ardenia   Arnesto, aparta, ¿qué intentas?
¿son veras éstas? desvía.

Persio   ¡Oh qué bien, hermana mía,
una esquiva representas!
Resiste, Ardenia querida,
no con muy firme desdén,
más resiste, como quien
se huelga de ser vencida.

Ardenia	Deja ya ese antojo vano.
Persio	Que no es vano, mi bien, fío, puesto que es del amor mío el objeto soberano.

(Aparte.)

Ardenia	El hilo vuelve a tomar, no ay quién lo saque de amor.
Persio	Al paso de tu rigor va creciendo en mí el amar.

(Aparte.)

Ardenia	¿Cómo le podré decir, que el disgusto que le enseño no es fingir, que le desdeño, mas no querello fingir? Digo, Arnesto, que no quiero tratar desto.
Persio	¿Tal rigor?
Ardenia	Que no quiero ser tu amor fingido, ni verdadero.
Persio	Bien excedes en dureza a las más duras mujeres, pues ni aun fingiendo me quieres pagar mi extraña firmeza.
Ardenia.	No me entiendes.

Persio   Bien te entiendo.
(Aparte.)   mas no te quiero entender:
                  dices, que no quieres ser
                  amor mío, ni aun fingiendo,
                  Y no sé tan bella dama
                  porque ha de ser tan cruel,
                  ni en la boca de miel
                  nacer la amarga retama:
                  Mas un abrazo, mi bien,

Ardenia   Aparta, mal me conoces,
                  mira que daré mil voces.

Persio   Eso es muy propio también.
                  Mas fuera bien, que dijeras,
                  daré mil voces, sin dallas;
                  porque pueden escuchallas,
                  y pensar que son de veras.

Ardenia   Y pensarán lo que es,
                  que destas cosas no gusto,
                  ni siendo mi hermano, es justo
                  que estas lecciones me des.

Persio   ¿Y sino fuese tu hermano
                  yo sino un firme galán,
                  que por ti muero, serán
                  estas lecciones en vano?
                  ¿si hubiera fingido yo,
                  ser tu hermano, y no lo fuera,
                  Ardenia, esperar pudiera
                  que me quisieras? o no?
                  Dime, ¿parezcote bien?

¿mi modo te satisface?
¿mi talle y rostro te aplace?
¿y mi condición también?

(Aparte.)

Ardenia   Válgame el cielo, ¿qué es esto?
casi por creer estoy,
que no es Arnesto, mas hoy
sabré, si es galán, o Arnesto.

Persio   Habla.

(Aparte.)

Ardenia   Yo lo he de engañar:
digo, que si tú no fueras
mi hermano, señor, pudieras,
que yo te amase, esperar.
¿Que esa gentileza y cara,
este talle y discreción,
y apacible condición,
a qué peña no obligara?
Yo te confieso, señor,
que mil veces te he mirado,
y dicho. Ojalá que el hado
así me diese el amor.

Persio   Pues si quiso conformar
el cielo nuestros intentos,
vayan fuera fingimientos,
¿qué tengo más que esperar?
Señora, no soy tu hermano,
que aunque a gran dicha tuviera

sello, gran desdicha fuera
perder lo que agora gano.
Mi gloria, tu amante soy,
ya pongo en tus manos bellas
mi vida y honor, por ellas
he de ser, o no ser hoy.
No porque soy forastero
te estará mi sangre mal,
que donde soy natural,
soy notorio Caballero.
Desto te satisfarás,
Ardenia cuando tú quieras,
dame esos brazos, ¿qué esperas?
dentro de casa tendrás
Entretanto tu galán,
con que de tu edad florida
goces, Ardenia querida,
sin temer el que dirán.
Dame, vida por quien muero,
las primicias de mi amor.

Ardenia   Detente, aparta, traidor.

Persio   Acaba.

Ardenia   Tente, embustero.

Persio   ¿Para qué fingiendo vas
contra lo que has confesado?
ya, mi bien, me he declarado,
Y tú declarada estás.
No tengo ya que temer,
aguardar fuera ignorancia.

Ardenia	Es muy larga la distancia desde el decir al hacer.
Persio	La lengua siempre interpreta lo que siente el corazón.
Ardenia	Tal vez declara intención contraria de la secreta por saber si eras Arnesto, aquello fingí, traidor:
(Da voces.)	padre, señor, ha señor.
(Aparte.)	
Persio	En gran peligro estoy puesto.
Ardenia	Así, traidor, embustero.
(Aparte.)	
Tristán	El viejo viene, esta vez me han de apretar la nuez; pero remediallo espero. Famoso el picón ha estado.
(Sale Tristán.)	
Ardenia	¿Picón?
Tristán	Yo digo, señora, que eres sabía, mas agora vive Dios que la has tragado.
(Justino aparte.)	

Justino	A Ardenia escucho alterada.
Ardenia	Malas burlas son, Arnesto.
Tristán	Mi señor viene.
Justino	¿Qué es esto, muchachos?
Persio	Señor, no es nada.
	De entre hermanos son pendencias.
Justino	¿Sobre qué?
Persio	Hay fue una porfía,
	que es cansarte, es niñería;
	todas son impertinencias.
Justino	Vete, niña, a tu labor.
Ardenia	Mi sospecha se ha aumentado.

(Vase.)

Persio	Si la causa te he callado
	desta pendencia, señor,
	Ha sido, porque mi hermana
	no se despeche, sabiendo,
	que no solo yo lo entiendo,
	mas te digo, que es liviana.
	Mas si palabra me das
	de hacerte dello ignorante,
	con ella, un caso, importante
	al honor nuestro, sabrás.

Justino	Di, que callar te prometo.

(Saca el papel.)

Persio	Este en la manga tenía,
	yo quitársele quería,
	resistiome, y en efeto
	Se lo quité, mira en él,
	si nuestro honor ha ofendido,
	porque noticia he tenido,
	que es de un galán el papel.

Justino (Lee.)	Con tu papel, gloria mía,
	fue mi contento de suerte,
	que como un pesar da muerte
	pensé morir de alegría,
	pase el casi eterno día,
	Llegue la noche, en que veo,
	según en tu papel leo,
	que para hablarte ay lugar,
	que iré, si en tanto esperar
	no me matare el deseo
	tuyo.

Persio	¿Qué dices, señor?

Justino	Que es mujer tu hermana, Arnesto,
	y ay de aquel que tiene puesto
	en una mujer su honor.

Persio	Si tú me hubieras creído,
	no corriera a nuestra cuenta
	esta liviandad y afrenta,

sino a la de su marido.

Justino

Otra vez te he dicho ya,
que a nuestro Príncipe es justo
no dalle tan gran disgusto,
porque de amor ciego está.
Esto fue mientras creía,
que mi honor no peligraba,
y que tu hermana miraba,
como yo, por la honra mía.
Mas ya, Arnesto, que la veo
tan cerca de ser perdida,
aunque se pierda la vida,
dar vida al honor deseo.

(Ardenia y Inés escondidas.)

Ardenia

Lo que entre los dos platican
escuchemos desde aquí,
que las sospechas en mi
por puntos se multiplican.

(Al oído a Arseno.)

Tristán

Señor, ¿en qué has de parar?
¿Dónde va tu pensamiento?

Persio

Presto verás lo que intento,
conmigo la he de casar.

Justino

Pues ¿quién te parece a ti
de los mozos de la Corte,
que para este caso importe?

Persio

        Un forastero está aquí,
        Que es principal, es altivo,
        y es prudente, aunque es mancebo,
        su nombre es Persio, y le debo
        no menos que el estar vivo.

(A Ardenia aparte.)

Inés

        Así se llamaba aquel
        de quien Arseno pidió
        celos a Celia.

Persio

                        Al fin yo
        quisiera casar con él
        a mi hermana.

(Aparte.)

Ardenia

                        Muerta soy.

Persio

        Porque sé, que no le pago,
        si lo que digo no hago,
        la obligación en que estoy,
        Demás de que es conveniente
        al recato que tenemos,
        que al Príncipe le diremos,
        que es un cercano pariente.
        Que no siendo conocido,
        será fácil de creer,
        lo que no pudiera ser,
        si fuera de aquí el marido.
        ¿Qué dices?

Justino

                    Que es singular

Persio
           en todo tu entendimiento:
trátalo luego.

Persio
                          Al momento
a Persio voy a buscar.

(Vase Justino.)

Tristán
                Señor, yo no te entiendo.

Persio
                              Oye la traga:
he de decir, que Persio se ha partido
a su tierra, y que yo voy a alcanzallo,
iréme así a mi patria, donde en nombre
de Persio, pues lo soy, ante escribano
a Justino enviaré poder bastante,
para que con mi Ardenia me despose;
vendré, descubriréme, y gozaréla.

Ardenia
                ¿Qué hablarán en secreto?

Tristán
                              Mucho alcanza
quien ama.

Arseno
                    Hoy salgo de un confuso abismo.

(Vase.)

Tristán
                Hoy eres el tercero de ti mismo.

(Vase.)

Inés
                ¿De qué es el llanto, señora?

Ardenia	Cuando tales cosas ves,
	¿a quien tiene amor, Inés,
	le preguntas de qué llora?
Inés	¿Tienes amor todavía
	a Arseno?
Ardenia	¡Qué necia estás!
Inés	Juraste no verle más,
	por lo de Celia, aquel día.
Ardenia	Jurélo, mas en aumento
	el amor va de hora en hora.
Inés	Pues si crece amor, señora,
	da remedio a tu tormento.
	casate con él, ¿qué esperas?
Ardenia	¿Cómo, Inés, con un traidor,
	que a otra mujer tiene amor?
Inés	Celosa lo consideras:
	Si primero a Celia amó,
	que viniese a conocerte,
	y luego que llegó a verte,
	a Celia por ti olvidó:
	Si ella lo sigue amorosa,
	y él, desdeñoso, resiste,
	como tú misma lo viste,
	sin razón estás quejosa.
Ardenia	Bien has dicho; ya revoco
	mi sentencia quiero vello.

Inés	Es verdad, que para hacello habías menester muy poco.
Ardenia	Para el Administrador quiero escribir un papel.
Inés	¿Y qué has de decir en él?
Ardenia	Que al que causa mi dolor Deje esta noche venir a verme, y le llevareis un presente.
Inés	Bien harás en eso.
Ardenia	Voy a escribir.

(Vanse.)

Fin de la segunda jornada

Jornada tercera

(Salen el Príncipe, Claudio, y otro paje Roberto.)

Claudio
        Toda la noche, señor,
triste has andado; ¿qué es esto?
si deseas, ¿quién podrá
cumplir mejor sus deseos?
¿Si tienes sospecha quién
las puede aclarar más presto?
¿quién dar muerte a quien le ofende,
si por dicha tienes celos?

Príncipe
        Ya es tiempo de declararos,
amigos Claudio, y Roberto.
la causa de mi tristeza,
y de tantos sentimientos.
Ya sabéis que ha tiempo largo,
que de amor de Ardenia muero,
y que cada día estoy
de ser querido más lejos.
Pues tras esto ha dado agora
su hermano, ese ingrato Arnesto,
en quitarla de mis ojos,
y en impedir mis deseos.
Después que el de Roma vino
en vano a su casa vengo
mil veces, pues que ninguna
mi querida Ardenia veo.

Claudio
        No sé yo de que te quejas,
teniendo la culpa dello,
En no haber ejecutado
por fuerza ya tus deseos.

97

Que aunque Ardenia es principal,
mucho honor ganara en ello,

Príncipe   Que me quiera es mi intención,
del modo que yo la quiero.
Si la fuerzo perderá
amor su mejor efeto,
y pues para enamoralla
el vella ha de ser el medio,
Y este me impide su hermano,
esta noche muera Arnesto;
los dos lo habéis de matar
en el oscuro silencio
Desta noche. Ved que os fío
un caso de tanto peso;
ya sabéis cuanto me va
de gusto, y aun honra en ello;
Haceldo, como debéis,
y quede a mi cargo el premio.

Claudio   Para dar la muerte a un hombre
has menester ofrecernos
Premio; dame que el parezca,
que yo te lo daré muerto.

Príncipe   Yo le dije, que esta noche
viniese solo a este puesto
A esperarme hasta las doce,
y si dentro deste tiempo
al puesto yo no llegase,
no esperase más. Ya entiendo
que son las doce.

Claudio   Ya cantan

Maitines en los Conventos.

Príncipe

Pues ya es forzoso que venga
a la calle, esperaréislo,
y haréis lo dicho que yo
no me quiero hallar en ello,
Que si sale, por ventura,
o llega gente al suceso,
no quiero ser conocido.

(Vase.)

Claudio

Los dos te le mataremos.

Roberto

Ved en que término va
esta privanza de Arnesto.

Claudio

Es propio bajar más presto
quién más levantado está.
Mas tratad de apercibir
la espada.

(Salen Arseno, y Sancho de noche.)

Arseno

Aquí has de quedar,
y si alguien viene, avisar.

Sancho

Ya sé que me he de dormir:
Pero si la puerta ves
abierta, avisarme has,
que una palabra, no más,
quiero entrar a hablar a Inés.

Arseno

Di cual, porque a ti te toca

velar esta noche fuera,
yo se la diré.

Sancho   Quisiera
ponérsela yo en la boca.

Arseno   Quédate, y haz lo que digo,
no me repliques.

Sancho   Yo callo.

(Vase Sancho.)

Arseno   Gracias a Dios, que me hallo
a vista del bien que sigo.

Claudio   A la puerta se ha parado
de Justino.

Roberto   Él es, lleguemos.

Claudio   Tente, espera, no matemos
por yerro algún desdichado
sepamos si es él: ¿quién va?

(Aparte.)

Arseno   Del Príncipe es esta gente,
que celoso y diligente
la calle guardando está.
Con decir, que soy Arnesto
la sospecha perderán,
y la calle dejarán,
por no descubrirse presto.

Claudio	¿No responde?
Arseno	No me obligan temores a responder, que yo soy quien puedo hacer, que los dos, quién son, me digan, Que soy Arnesto.
Claudio	Y es él, a quien buscamos los dos, muera.

(Sacan las espadas, y danle, y vanse.)

Roberto	Muera.
Arseno (Cae Arseno.)	Aquí de Dios, muerto soy, traición cruel.
Claudio	Gente viene.
Roberto	Bien se ha hecho, escapemos por aquí.

(Vanse los dos.)

(Sale Sancho.)

Sancho	Paz, hidalgos.
Arseno	Ay de mí.
Sancho	Que este es mi señor, sospecho.

Arseno	Sancho.
Sancho	Señor, ¿hante herido?
Arseno	De una estocada, a traición, pienso que hasta el corazón cota y todo me han metido, Y en el rostro siento sangre.
Sancho	Un cirujano, o barbero buscaré.
Arseno	Vamos primero, que del todo me desangre.
Sancho	¿Estás tú para venir?
Arseno	Probaré.
Sancho	Esfuérzate, y vamos, ved para que trasnochamos, más nos valiera dormir.

(Vanse.)

(Sale Celia con manto, y Perea.)

Perea	Esta es la casa.
Celia	Ya pasa. de medida mi dolor, que promete gran valor señora de tan gran casa. A Ardenia tengo de ver,

sola entrare, que con vos
podrán conocerme.

Perea   A Dios.

(Vase.)

(Salen Persio y Tristán, Persio de camino.)

Persio   Ya sabes lo que has de hacer
                    En esta ausencia.

Tristán   Señor,
                    no tienes que tener miedo,
                    pues que yo velando quedo.

Celia   ¿Este no es Persio? ha traidor:
                    Ved donde vine a encontralle.

Persio   Mas ¿qué querrá esta mujer?

Tristán   No tiene mal parecer.

Celia   Yo reviento, quiero hablalle.
                    Persio vil, traidor, sin ley,
                    sin cristiandad sin honor,
                    sin vergüenza, sin temor.
                    ni respeto a Dios, ni al Rey.
                    ¿Pensabas, te persuadías.
                    fementido, a que pudieras
                    vivir, sin que al fin vinieras
                    a pagar lo que debías?
                    Aunque el nombre te mudaras,
                    ¿qué importa, si el rostro no?

aunque también se mudó,
pues que tiene ya dos caras.
¿Pensabas toda tu vida
poderte de mi esconder?
¿no conoces el poder
de una mujer ofendida?
¿Deso pensabas valerte?
¿Ingrato, no consideras,
que aunque de mí te escondieras,
al fin te ha de hallar la muerte?

Persio   Oye, Celia.

Celia   No hay que oír
tras lo que he llegado a ver.

(Aparte.)

Persio   Mucho grita esta mujer,
quién soy ha de descubrir.
No des voces.

Celia   La razón
y verdad no tienen miedo,
y así nunca hablaron quedo.

Persio   Confieso mi obligación,
Yo pronuncio mi sentencia,
Celia, y te quiero pagar.

(Sale Justino.)

Justino   ¿Qué será este vocear?
con Arnesto es la pendencia.

Persio	¿Quieres más?

Celia

       Sí quiero más,
que esa fácil confesión
me da clara presunción
de que engañándome estás.

Persio

   Pues ¿qué quieres?

Celia

         Que me des
mano de esposo primero
que te partas.

Persio

       Dalla quiero,
mas cuando partirme ves
ese es mucho apresurarte.

Celia

   ¿Qué menor priesa me dabas
cuando me solicitabas?

Persio

  Nunca yo quise estorbarte
Lo que te importase.

Claudio

       Nada
te puede tanto importar,
como casarte.

Persio

      Lugar
habrá tras esta jornada.
Que no se acaba hoy el mundo.

Celia

   Mas que eso temiendo estoy,
que empiezas engaños hoy.

Persio	En sola verdad me fundo. Luego mi esposa serás, que vuelva, Celia, con vida.
Celia	¿Qué sé yo si es la partida para no volver jamás? Que eres, Persio, forastero, no me trates de partirte.
Tristán	Temo, que ha de descubrirte Celia.
Persio	Remediallo espero, Celia, forastero soy, y yo te lo dije así; porque aunque dentro nací de la Corte donde estoy, Desde niño muy pequeño siempre anduve fuera della, más vecino soy en ella, desta casa soy el dueño. De Bohemia soy justicia, y del Príncipe privado.
Celia	¿Que esta es tu casa? en cuidado me ha puesto cierta malicia. Casado estas.
Persio	Viendo voy por donde, Celia, caminas, apostare que imaginas, que con mi hermana lo estoy.

Celia	¿Quién es tu hermana?
Persio	Es mi hermana de quien tu celosa estás, y un viejo, que aquí verás, mi padre, y a la mañana A priesa pasando va: queda a Dios.
Celia	No hay que tratarme de partirte, ni engañarme.
Persio	Pesada estás, Celia, ya.
Celia	Necia fuera, si partir te dejara.
Persio	Bueno fuera, que por ti no me partiera.
Celia	Yo te lo podré impedir, que al Príncipe pediré justicia.
Persio	Pide y verás cuan tarde la alcanzarás cuando de tu parte esté.
Celia	Si el poder llevas contigo, conmigo la razón llevo.
Persio	Ni lo que pides te debo, ni para casar conmigo eres igual.

(Vase.)

Celia
                        Mal conoces,
            Persio vil, a quien te habla.

(Vase.)

(Aparte.)

Tristán
                        Nuestra perdición entabla
            con llamallo Persio a voces.

(Aparte.)

Justino
                        La causa de la rencilla
            no pude entender del todo,
            más con Tristán tendré modo
            para poder descubrilla.

(Aparte.)

Tristán
                        El viejo es este, el ha oído
            todo cuanto aquí ha pasado.

Justino   ¿Oísme, mancebo honrado?

(Aparte.)

Tristán   Cierta mi sospecha ha sido.

Justino   Llegaos acá.

Tristán
                        Ya me llego.

108

Justino   Hoy es, galán, vuestro día:
                           ¿Hay mayor bellaquería?

(Aparte.)

Tristán   Visto nos ha todo el juego.

Justino   Hola.

(Sale Inés.)

Inés   Señor.

Justino   Al momento
                vayan a traerme aquí
                un verdugo.

Inés   Harélo así.

(Vase.)

(Aparte.)

Tristán   Él me quiere dar tormento.
                Yo, señor, ¿en qué he pecado?

(Sale Ardenia.)

Ardenia   Padre, ¿qué es esto?

Justino   Hija mía,
                una gran bellaquería,
                de que agora me he informado.

(Aparte.)

Tristán   Él sabe ya todo el cuento
por lo que Celia habló aquí,
señor, sino hay culpa en mí,
¿por qué me has de dar tormento?
Si Persio mi señor, ciego
por tu hija, fingió ser
Arnesto, para tener
modo de aplacar su fuego,
Y a mí, que soy su criado,
que callase me mandó,
siendo su criado yo,
¿qué peco en haber callado?

(Aparte.)

Justino   Jesús, Jesús, que maldad,
mas descubro que pensaba.

(Aparte.)

Ardenia   La sospecha en que yo estaba
ha venido a ser verdad.

Justino   ¿Que este es Persio?

Tristán   Sí, señor,
Persio es su propio nombre.

Justino   ¿Quién habrá, que no se asombre,
que a tal se atreva un traidor?
Pues ¿cómo Persio quería

con Persio, Ardenia, casarte,
siendo el mismo?

Tristán   Industria y arte
no falta al que el amor guía.
Va a su tierra con intento
de enviarte su poder,
para que puedas hacer
con tu hija el casamiento,
Y en haciéndolo, venir,
y descubrirse.

Ardenia   ¡Oh engaños
de amor!

Justino   Enredos extraños
he venido a descubrir.
¡Ved de un engaño el rigor,
que el hijo que yo engendré
preso entre locos esté,
y regalado un traidor!

Tristán   Yo, señor, ¿en qué incurrí,
que me quieres castigar?
¿puedes, por dicha, culpar
la fidelidad en mí?
Esta mujer que has oído,
que con mi señor riñó,
era Celia, a quien gozó
con palabra de marido:
Burlóla, y ella agraviada,
vino, y habló lo que oíste;
mas yo, desdichado y triste,
no tengo culpa de nada.

(Aparte.)

Ardenia	¿Que Celia con él riñó, porque burlado la había? esta es la historia que un día Arseno a Celia tocó.
Justino	Este caso ha menester prudencia y reportación.

(Aparte.)

Ardenia	Llegó, Arseno, tu ocasión.
Justino	¿Dónde vive esa mujer, esta Celia?
Tristán	Vive allá junto a san Justo y Pastor.
Justino	¿Cuánto ha que este traidor de Persio en la Corte está?
Tristán	Siete meses puede haber.
Justino	¿Es noble?
Tristán	Nadie, imagino, que es mejor que él.
Justino	¿A qué vino a Bohemia?

Tristán   A pretender,
Señor, una compañía
en la jornada que ha hecho
a Hungría el Rey.

(Aparte.)

Ardenia   Mas sospecho
yo, que a pretender la mía.

Justino   Agora bien, mancebo, entrad,
entrad en este aposento,
porque hasta el fin deste cuento
no habéis de ver claridad.

Tristán   Pues, señor.

Justino   No repliquéis.

Tristán   No replico.

(Vase Tristán.)

Justino   Así procuro
vivir en paz y seguro
de que otra vez me engañéis.
¡Que maldad tan insolente
pase en mi casa, y que vos
Ardenia!

Ardenia   Testigo es Dios,
que della estoy inocente.
Es verdad, que sospechar
estos engaños debía,

por lo que intentó aquel día
que nos viste pelear.
Pero tan grande insolencia
¿quién la pudiera creer?

Justino   Pues ¿de qué vino a nacer
entonces vuestra pendencia?

Ardenia   ¡De que después de tratarme
gran rato en cosas de amor,
con engaños el traidor
quiso llegar a abrazarme!
Resistí, y me declaró
ser extraño de amor ciego,
di voces, y él dijo luego,
que era burla, y crello yo.

Justino   ¡Jesús, qué engaños trazaba!
pues dijome entonces él,
que por quitarte un papel
de tu galán, peleaba.

Ardenia   ¿Yo papel, y yo galán?

Justino   Y aún el papel me mostró,
que dijo, que te quitó.

Ardenia   Pienso que lo vio Tristán,
él, padre, el testigo sea.

Justino   No es menester, yo lo creo,
que supuesto lo que veo,
no hay engaño que no crea.

Ardenia	No fue vana mi tristeza, el día que en casa entró parece que me avisó la misma naturaleza.
Justino	Ya me acuerdo, que aquel día melancólica estuviste.
Ardenia	Y él lo notó, y le dijiste, que era ya costumbre mía: Y cuando mi hermano entró, el triste preso inocente, mi alma naturalmente en viéndolo, se alegró.
Justino	Dijo el Príncipe, que había vistolo en esta ciudad antes de allí, y en verdad, que yo también juraría, Que lo encontré en esta calle alguna vez.
Ardenia	Pudo ser, mas velo, señor, a ver, que pudo acaso obligalle Alguna ocasiona estar encubierto algunos días, y por dicha te podrías, tú, y el Príncipe engañar. Ser dos hombres parecidos no es suceso más extraño, que salir de un mismo paño semejantes dos vestidos, Y al fin para cualquier caso

                                        será el hablalle cordura.

Justino   Voy a hacello.

Ardenia   A mi ventura
                               hoy abre fortuna el paso.

(Vanse.)

(Salen el Príncipe, Claudio, y Roberto.)

Claudio   En diciendo, soy Arnesto,
                               sin dejalle que la espada
                               sacase, de una estocada
                               di con el en tierra presto.

Roberto   Pues de un revés que le di
                               al tiempo que iba cayendo,
                               todos los sesos, entiendo,
                               que por la tierra esparcí.

Príncipe   ¿Al fin murió?

Claudio   Murió al fin,
                               y muriera el mundo todo,
                               si su muerte fuera modo
                               de dar a tus males fin.

(Aparte.)

Príncipe   ¡Oh loco amor, o deseos,
                               ¿dónde me habéis de llevar?
                               que yo, que ejemplo he de dar
                               cometa casos tan feos!

(Sale Persio con bolas, y espuelas.)

Persio   Deme, señor, vuestra Alteza
los pies.

Príncipe   Arnesto, ¿qué es esto?

Roberto   Claudio, por Dios que es Arnesto.

Claudio   Sana tiene la cabeza.

Persio   ¿Qué novedad es, señor,
que vos me hayáis recibido
demudado, enmudecido,
y perdida la color?
¿Qué es esto? ¿qué confusión
es esta?

(Aparte.)

Príncipe   Disimular
importa. Si os doy lugar
dentro de mi corazón.
Arnesto, cuando de mí
quereros partir mostráis,
decid, ¿por qué os espantáis
de ver que el color perdí?

Persio   Con favor tan excesivo
casi me he llegado a holgar
de daros este pesar,
por la gloria que recibo.
Que tanto dais en subirme,

que he venido a conseguir
más bien con querer partir,
que alcanzara con partirme.
A un negocio me partía,
que a mi padre le importaba;
pero el lugar que dejaba,
Príncipe, no lo sabía.
Ya lo sé, ya no me voy,
que nada puede importarme
tanto, como no apartarme
de la presencia en que estoy.

Príncipe   No, Arnesto, partid, amigo,
partid; ¿cuándo volveréis?

Persio   Con que licencia me deis,
que no he de partirme, digo.

(Aparte.)   No temo yo, que la dé,
que ver sola a Ardenia quiero.

Príncipe   ¿Y si licencia no os diere?

Persio   Lo que mandareis haré.

Príncipe   Partid, mas con condición
os mando partir, Arnesto,
que habéis de volveros presto.

(Aparte.)

Persio   ¡Qué bien fingida afición!

Príncipe   Y mientras dura el camino
yo os doy de la hacienda mía

(Aparte.)

> cien escudos cada día.
> con esta traza imagino
> Hacerle, que por gozar
> más la renta, más se tarde.

Persio

> Mil años el cielo os guarde.

Príncipe

> Con eso os quiero obligar
> A daros priesa a volver,
> porque no me empobrezcáis.

Persio

> cuanto vos, señor, me dais
> se queda en vuestro poder.

(Vase.)

Príncipe

> ¡Qué os parece, ¿es este el muerto?
> ¿burlaisos de mí? estoy loco,
> que me tengáis en tan poco!
> que mintáis al descubierto!

Claudio

> Oye, señor.

Príncipe

> Vive Dios,
> desleales.

Claudio

> De otra suerte
> nos trata y oye, o la muerte
> nos da, Príncipe, a los dos.
> De que lo que yo conté
> es verdad, eslo tan pura,
> como ser la noche oscura;
> lo demás yo no lo sé.
> O el de cobarde y turbado

se nos fingió muerto allí,
o la herida que le di
lo cogió muy bien armado,
o por arte del demonio
tan presto della sanó,
o otro, que ser él fingió,
pagó el falso testimonio:
O algún demonio tomó
cuerpo, y nombre, y voz de Arnesto,
para hacerme que con esto
pierda la paciencia yo.
Pero no hay mucho perdido,
ni tú sin remedio estás,
porque aya una noche más,
por yerro, Arnesto, vivido.

Príncipe   Vuelve, ¿dónde vas?

Claudio   Librarme
desta obligación querría
antes que se pase el día,
porque no pueda engañarme.

Príncipe   Bueno esa, ya yo te creo,
basta que ya se paso
la ocasión, y él se ausentó,
que es lo mismo que deseo.

Justino   Deme los pies vuestra Alteza.

Príncipe   Oh Justino, amigo, alzad:
¿qué hay por acá? ¿hay novedad?

Justino   Hay tanta.

Príncipe	¿Qué es la tristeza?
	¿Tiene salud vuestra hija?
Justino	Tiénela al servicio vuestro.
Príncipe	Cuando tan vuestro me muestro,
	¿cosa ha de haber que os aflija?
	Hablad, Justino, ¿qué es esto?
Justino	Es, señor, mi desventura:
	oíd.
Roberto	Cual que travesura
	será de su hijo Arnesto.
Príncipe	¿Qué decís?
Justino	Información
	tengo muy bastante deso,
	a su mozo tengo preso,
	que hizo llana confesión,
	Y de Celia, una mujer,
	con quien él antes trató,
	me informé muy largo yo,
	antes que os viniese a ver.
(Aparte.)	
Príncipe	¿Hay tan gran atrevimiento,
	y más si acaso sabía,
	que yo a Ardenia pretendía?
	de ira, y enojo reviento.
	A Arnesto me has de prender,

Roberto, alcánzalo luego,
que me abraso en vivo fuego.

Justino   Partid hacia Cutember,
donde él nació, que allá va.

Príncipe   Revienten por los ijares
los caballos que llevares.

Roberto   No temas que se me irá.

(Vase.)

Justino   Solo resta, que le deis
libertad a mi hijo preso,
a quien, por falto de seso,
entre los locos tenéis.

Príncipe   Justino, yo no querría,
que ese fuese otro traidor.

Justino   Jesús, Arnesto es, señor,
como es claro el Sol, y el día.

Príncipe   Hágase lo que queréis,
que cuando Arnesto no fuera,
quitaros yo no pudiera,
que por hijo lo adoptéis.
Claudio, con Justino id,
y haced que a Arnesto le den
luego libertad.

Justino   Con bien
años sin cuento vivid.

(Vase.)

(Sale un Paje.)

Paje	Licencia aguarda que des, un correo.
Príncipe	Siempre la tiene el que con mensajes viene.

(Sale un correo con un pliego.)

Correo	Dadme, señor, vuestros pies, Esta os envía el Cardenal Julio Coloma, y conmigo salud y paz.
Príncipe	Es mi amigo.
Correo	Es vuestro siervo leal.

Príncipe (Lee.)   La noticia que en todos los Reinos ay del justiciero valor de vuestra Alteza, me da confianza para suplicarle me haga justicia. Arnesto hijo de Justino, Cortesano de vuestra Alteza, dio muerte a un sobrino mío, de lo cual lleva el portador los recados. Prospere Dios los años de vuestra Alteza.

(Aparte.)

Príncipe	La nueva que en esta leo da gran fuerza a mi esperanza, da principio a mi venganza,

y fin dará a mi deseo,
Que hoy en Ardenia he de ver
mudanza de su rigor,
si a su hermano tiene amor:
Ven, sabrás lo que has de hacer.

(Vanse.)

(Salen Justino, Arseno, y Sancho, Arseno con banda de herido.)

Justino   Volvedme a abrazar, Arnesto.

Arseno   Al cielo mil gracias doy.

Justino   Llamad a Ardenia.

(Sale Ardenia.)

Ardenia   Aquí estoy.
dulce hermano; mas ¿qué es esto?
¿Estáis herido?

Arseno   No es nada.

Ardenia   No me parece a mi poco.

Sancho   Por tirar a otro, un loco
le dio acaso una pedrada.

Arseno   Mas ya, hermana, que me toca
vuestra mano, en su virtud
tengo cierto la salud.

Sancho   Si guardaremos la boca.

(Sale Claudio con guardas, y un papel.)

Claudio   Dios os guarde.

Justino   Claudio amigo, ¿qué hay de nuevo?

Claudio   A decillo voy: ¿sois vos Arnesto?

Arseno   Yo soy.

Claudio   Sed preso, y venid conmigo.

Arseno   ¿Preso? ¿por qué?

Claudio   No lo sé,
                 mándalo el Príncipe así
                 por este suyo.

Ardenia   Ay de mí
                 ¿cuándo libre te veré?

Arseno   Obedecer es razón:
                 vamos: padre, hermana mía,
                 quedaos a Dios.

Justino   ¿No podría
                 saber por qué es la prisión?

Claudio   No lo sé.

Justino   ¿En qué habéis pecado,
                 hijo?

Arseno	Pues que preso voy,
	sin duda culpado soy.

(Vanse Arseno, y Claudio.)

Justino	Solo en nacer desdichado.
Ardenia	Pues, señor, ¿cómo os quedáis?
	¿id a saber la ocasión
	deste rigor y prisión?
Justino	Voy a sabello.

(Sale el Correo.)

Correo	No vais.
	Que yo la causa os diré,
	y si el remedio queréis,
	de mi mano lo tendréis.
Justino	Yo vuestro esclavo seré.
Correo	Yo, señor Justino, he sido
	quien hasta aquí desde Roma
	por el Cardenal Coloma
	a este negocio he venido.
	Y es el caso, que tenía
	el Cardenal un sobrino,
	y una sobrina, imagino,
	que más hermosa que el día,
	Arnesto dio en requebralla,
	en oír la dama bella,
	celoso el hermano della,
	hablando una vez los halla.

El mozo airado y cruel,
a Arnesto quiso dar muerte;
pero trocóse la suerte,
y diosela Arnesto a él.
Arnesto huyendo escapó,
y sentido el Cardenal
de una desventura tal,
mil espías despachó.
Al fin vino a su noticia,
que estaba en Bohemia Arnesto,
y con los recados desto
me envió a pedir justicia.
Este, pues, señor Justino,
es el caso.

Justino   Y mi ventura.

Correo   No es vuestra suerte muy dura
pues esta pena imagino,
Que ha de parar en contento.

Justino   Lo que empezó con azar
¿cómo en bien puede parar?

Correo   Si parare en casamiento,
Que yo traigo aquí poder
de la hermana del difunto,
y con él lo traigo junto
del Cardenal, para hacer
El perdón, si da la mano
vuestro hijo a la doncella.

Justino   Arnesto, amigo, en tenella
por mujer gana, y yo gano.

Vamos al punto a tratallo,
hija, encomiéndalo a Dios.

(Vanse Justino, y el Correo.)

Ardenia   Dios vaya, padre, con vos,
                            Inés, confusa me hallo:
                            ves aquí, que es ya forzoso
                            descubrirse desta suerte
                            Arseno, o sufrir la muerte,
                            o ser desta dama esposo.

Inés   Muchos engaños requiere
                            el sustentar un engaño.

Sancho   De todos el menor daño
                            será, si la mano diere.
                            Salga agora de prisión,
                            que después se tratará
                            del remedio.

Ardenia   Bien está.

Sancho   Hecho una vez el perdón
                            Por parte del Cardenal,
                            se descubrirá tu hermano,
                            que estar escondido es llano,
                            y dará remedio al mal,
                            Ratificando lo hecho
                            por Arseno mi señor,
                            pues a Julia tiene amor,
                            que con mi dueño sospecho,
                            Que es ninguno el casamiento.

Ardenia	Vamos de rebozo presto,
	Inés, a ver que ay en esto,
	que se acaba el sufrimiento.

(Vanse las dos.)

Sancho	Lástima tengo de ti.

(Sale Arnesto de peregrino.)

Arnesto	Ya se cumplió mi deseo,
	gracias al cielo, que veo
	la casa donde nací:
	Antes de entrar, saber quiero,
	en que estado están las cosas.

Sancho	¡Ha mujeres perniciosas!

Arnesto	Haced limosna a un romero.

Sancho	Perdonad.

Arnesto	Hanme informado,
	que el dueño de aquesta casa
	no tiene la mano escasa,
	y que es muy rico y honrado.

Sancho	No está para eso agora.

Arnesto	¿Por qué no está para eso?

Sancho	Llevaronle agora preso
	su hijo Arnesto, y lo adora,
	Y allá fue loco, por ver

si acaso puede liballo.

(Aparte.)

Arnesto
¿Qué es esto? ¿Otro Arnesto hallo
y visteslo vos prender?

Sancho
Por mi desdicha lo vi,
vos pudistes encontralle,
si venís por esa calle.

Arnesto
¿Y sabéis la causa?

Sancho
Sí.
Dicen, que porque allá en Roma
dio muerte a cierto sobrino
de un Cardenal, que imagino
que se llama tal Coloma.

Arnesto
Y al fin decidme, ¿en qué punto
está el caso?

Sancho
En remediallo,
dicen, que con desposallo
con la hermana del difunto:
Porque la moza ha enviado
poder aquí para ello.

Arnesto
¿Y el Arnesto quiere hacello?

Sancho
A palacio hemos llegado,
Donde lo sabremos presto;
más claro está que querrá,
pues enamorado está.

(Aparte.)

Arnesto   Callaré, y veré el fin desto,
                 Que estoy confuso y perdido.

Sancho   A buen tiempo hemos llegado.

(Salen el Príncipe, Justino, un Correo, y Claudio.)

Príncipe   ¿Arnesto ha se conformado
                 en eso?

Justino   Señor, ha sido
                 Grande su exceso en amar
                 a Julia hermana del muerto,
                 está loco del concierto.

(A Claudio aparte.)

Príncipe   Que no me pude vengar
                 Deste honrado, que celaba
                 tanto su hermana de mí.

Claudio   Quizá se ocultaba así,
                 hasta ver en que paraba.

Príncipe   Crecerá de mi cruel
                 Ardenia la resistencia,
                 venga luego a mi presencia
                 Arnesto.

Claudio   Yo voy por él.

(Salen Celia con manto, y Perea.)

Celia   Gran Príncipe de Bohemia,
                       poderoso, noble, sabio,
                       de agraviados vengador,
                       defensor de desdichados:
                       Celia soy, de ilustre sangre,
                       como de infelices hados,
                       que la desdicha, y nobleza
                       nacen al mundo de un parto.
                       Quedé huérfana de padres,
                       doncella de aquellos años
                       que bastaran a obligar
                       a que procurase estado,
                       Cuando un Arnesto, un traidor,
                       fingido, engañoso, y falso,
                       hijo de ese noble viejo,
                       que atento me está escuchando,
                       Mudándose el propio nombre,
                       y fingiendo ser extraño
                       desta Corte, dio en hablarme,
                       y yo, necia, en escuchallo.
                       Al fin de ser mi marido,
                       me dio palabra, y debajo
                       della, señor, le entregué
                       lo que de vergüenza callo.
                       Cansóse de mi, y dejóme
                       sin honor, y sin amparo,
                       justo castigo, de quien
                       fió lo que vale tanto.

Príncipe   Ay tal desvergüenza.

Celia   Hoy

sé que prenderle has mandado,
y por las causas que digo
vengo a ti, de ti me valgo.

Príncipe   ¿Qué decís desto, Justino?

Justino   Que todo lo que ha contado
                    me consta a mi que es verdad,
                    y más se espera de un falso.

Príncipe   Pues si vos, que parte sois,
                    así lo habéis confesado,
                    no es menester más probanza.

Justino   Yo en esto ¿qué parte alcanzo?

Príncipe   Mocedades son, Justino,
                    no os enojéis con él tanto.

Justino   Ved, señor, que no es mi hijo
                    de quién está Celia hablando,
                    sino del que fingió serlo.

Celia   Yo de vuestro hijo hablo.

(Salen Arseno, y Claudio, Ardenia, Inés con mantos.)

Claudio   Aquí está Arnesto.

Arseno   Aquí estoy
                    sujeto a vuestro mandado.

(Aparte.)

Celia	Válgame Dios, según esto,
	Persio es Arnesto el falso:
	pero pues este es Arnesto,
	y también este me ha dado
	palabra, lo cierto escojo.
Ardenia	Mas mal ay del que pensamos.
Príncipe	¿Es este, Celia, el mancebo
	de quién habéis querellado?
Celia	¿Sois vos Arnesto?
Arseno	Yo soy Arnesto.
Celia	Pues de vos hablo.
Justino	Ay mayor bellaquería;
	por Dios, señor, que es engaño.
Celia	Yo probaré lo que he dicho.
Príncipe	¿Qué haremos en este caso,
	Justino? acá dio palabra,
	allá dio muerte a un hermano:
	allá no puede casarse,
	por estar acá obligado.
	¿Si acá se casa, a la muerte,
	de que allá le han hecho cargo;
	no hay remedio, sin morir,
	que tengo de hacer? miraldo.
Arseno	Señor, si me das licencia,
	tengo fácil el descargo.

Príncipe	Di pues.
Arseno	No puedo negar, que palabra a Celia he dado, Mas antes que yo la diese, debajo del mismo trato la gozó Persio, yo no, y yo me ofrezco a probarlo.
Ardenia	Cielo, ¿en qué ha de parar esto?
Justino	Ya, señor, Persio ha llegado.

(Salen Roberto, y Persio.)

(Aparte.)

Persio	Persio dijo; ya se saben mis enredos, triste caso, ¿qué ha de ser de mí? señor dame los pies.
Príncipe	Oh villano, aparta, ¿cómo te atreves tras los enredos pasados, a llegarte a mí?
Persio	Señor.
Príncipe	No muevas, traidor, los labios.
Persio	Disculpa tengo, si escuchas.

Príncipe   Moverás nuevos engaños.

(Da un papel al Príncipe.)

Persio   En ese papel de Ardenia
fundo todo mi descargo,
que cuanto he fingido fue
por ella misma ordenado.

Príncipe   Llamad a Ardenia.

Ardenia   ¿Qué es esto?
aquí estoy a tu mandado.

(Da el papel a Ardenia.)

Príncipe   Mira si es tuya esa letra.

Ardenia   No niego que es de mi mano.

Príncipe   Pues tú, Ardenia, según esto,
y no Persio es el culpado;
toma, y lee ese papel.

(Aparte.)

Arnesto   Vil hermano.

(Aparte.)

Justino   ¡Ha tristes años,
por una liviana hija,
tan sin razón afrentados!

Príncipe	¿Qué respondes?
Ardenia	Yo respondo:
	Que aunque dije, que mi mano
	hizo esta letra, señor,
	lo que dice Persio es falso:
	Porque por el Dios que adoro,
	a quien por testigo traigo,
	que a Persio tal no escribí.
Príncipe	¿Pues a quién, Ardenia?
Ardenia	Es llano
	que Persio me falseó
	la letra, y esto ha inventado.
Justino	Y no es nuevo en él, señor,
	que yo lo hallé peleando
	con Ardenia cierto día,
	sobre pedirle un abrazo,
	Y fingió conmigo, que era,
	por quitarle de la mano
	un papel de su galán.
Persio	El amor doy por descargo.
Príncipe	Escucha, Persio, ya ves
	que estoy con causa enojado,
	y si la verdad me niegas,
	ha de costarte muy caro.
	¿Conoces esta mujer,
	sabes, Persio, que le has dado
	la palabra de marido?

Persio	No puedo, señor, negarlo.
Príncipe	Escucha, Celia, ya Persio llanamente ha confesado, que te debe la palabra.
Celia	Y lo demás es engaño.

(Danse las manos.)

Príncipe	Dad, Persio, la mano a Celia.
Celia	Eres Príncipe Cristiano.
Príncipe	El Romano mensajero del poder que tiene usando, La mano, por Julia ausente, le dé a Arnesto.
Adenia	Dalda, hermano.
Arnesto	Aguarda, que yo he de ser quien tengo de dar la mano A Julia, que soy Arnesto.
Justino	¿Otro Arnesto, cielo santo?

(Muestra unos papeles, miralos el Correo.)

Arnesto	Estos papeles de Julia harán lo que digo claro.
Correo	Esta es su letra, y su firma.

Arseno	Ya no es tiempo de negarlo.

Príncipe	¿Qué decís desto?

Arseno

                           Señor,
Arseno soy Castellano,
Pasé a Italia, donde supe,
que tu padre, a quien aguardo
vitorioso, encaminaba
contra el Húngaro su campo.
Vine a pretender servirle,
no pude alcanzar un cargo,
quedéme aquí, enamoréme
de Ardenia, y ella mostrando
Corresponderme, trazó,
que fingiese ser su hermano;
fingilo, señor, y he sido
en fingir tan desdichado
Como tú has visto, y de todo
doy el amor por descargo.

Príncipe   ¿Qué respondes a esto, Ardenia?

Ardenia   Respondo: Que a tales casos
Obliga a una mujer noble
un Príncipe enamorado,
y ese papel que tenía
Persio, escrito es de mi mano
para Arseno.

Persio   Y yo por el
otro le di por engaño.

Ardenia   Y con la licencia tuya,

y de mi padre, y hermano,
Arseno es esposo mío.

Príncipe   Arrojóse ya, echó el fallo:
ha mujer al fin! Por vida
de la corona que aguardo,
De no verte más la cara.
Dad vos por Julia la mano
a Arnesto.

Arnesto   La mano doy.

Justino   Hijo, dadme a mi la mano.
Y el desdichado en fingir
acabe aquí sus trabajos.

Fin de la comedia

Libros a la carta

A la carta es un servicio especializado para
empresas,
librerías,
bibliotecas,
editoriales
y centros de enseñanza;
y permite confeccionar libros que, por su formato y concepción, sirven a los propósitos más específicos de estas instituciones.

Las empresas nos encargan ediciones personalizadas para marketing editorial o para regalos institucionales. Y los interesados solicitan, a título personal, ediciones antiguas, o no disponibles en el mercado; y las acompañan con notas y comentarios críticos.

Las ediciones tienen como apoyo un libro de estilo con todo tipo de referencias sobre los criterios de tratamiento tipográfico aplicados a nuestros libros que puede ser consultado en Linkgua-ediciones.com.

Linkgua edita por encargo diferentes versiones de una misma obra con distintos tratamientos ortotipográficos (actualizaciones de carácter divulgativo de un clásico, o versiones estrictamente fieles a la edición original de referencia).

Este servicio de ediciones a la carta le permitirá, si usted se dedica a la enseñanza, tener una forma de hacer pública su interpretación de un texto y, sobre una versión digitalizada «base», usted podrá introducir interpretaciones del texto fuente. Es un tópico que los profesores denuncien en clase los desmanes de una edición, o vayan comentando errores de interpretación de un texto y esta es una solución útil a esa necesidad del mundo académico.

Asimismo publicamos de manera sistemática, en un mismo catálogo, tesis doctorales y actas de congresos académicos, que son distribuidas a través de nuestra Web.

El servicio de «libros a la carta» funciona de dos formas.

1. Tenemos un fondo de libros digitalizados que usted puede personalizar en tiradas de al menos cinco ejemplares. Estas personalizaciones pueden ser de todo tipo: añadir notas de clase para uso de un grupo de estudiantes, introducir logos corporativos para uso con fines de marketing empresarial, etc. etc.

2. Buscamos libros descatalogados de otras editoriales y los reeditamos en tiradas cortas a petición de un cliente.

www.ingramcontent.com/pod-product-compliance
Lightning Source LLC
LaVergne TN
LVHW091221080426
835509LV00009B/1105